呼出《よびだし》秀男《ひでお》の
相撲ばなし

山木秀男 著
YAMAKI Hideo

現代書館

はじめに

伊勢ヶ濱部屋に入って定年まで
――私の呼出人生

二〇一四年十二月二十七日、四十五年の呼出《よびだし》人生を終えました。

どうしても呼出になりたくてなったというわけではありません。高校二年の頃、学力が落ちましてね。加えて学園紛争が盛んな頃で、それに嫌気がさして、大学進学はあまり考えませんでした。それで何をしようかと思案。地方の風物や慣習に興味があったので、金のことは考えず、全国をまわれる仕事ができればいいなと。芝居がいいか、何がいいかといろいろ考えるうちに、父がよく相撲を見にいっていて、伊勢ヶ濱部屋《いせがはま》の後援会の人を知っているのを思い出した。この世界なら巡業などがあるし、全国をまわれる。かといって、体格に恵まれていたわけではないので力士は無理。行司はテレビで見ていて、動きが堅苦しい。それなら呼出かな、というような単純な理由でした。

でも、高校三年の時には親にはまだ言えなかった。大学受験の願書だけは取ったんですがね。結局、一年浪人です。私は静岡県下田市の生まれで、この間、伊豆半島をバスで巡ったりして、地元は観光しか産業がないなと感じ、やっぱり呼出だと、教師をしていた父が出勤する時に持っていくカバンに「呼出になりたい」と書いた手紙を入れた。二、三日して父が「お前、本当になりたいのか」と。特殊な仕事ですから、なんでかな、とは思ったでしょうが、反対はしませんでした。兄が二人、姉が一人の末っ子だったこともあるでしょう。

一九六九年二月、父に連れられ、東京の両国にあった伊勢ヶ濱部屋に行き、元横綱照國《てるくに》の伊勢ヶ濱親方に会いました。戦前に最年少横綱昇進記録を更新した人です。二十三歳四カ月でした。この記録は、一九六一年九月場所後に大鵬《たいほう》（二十一歳三カ月）と柏戸《かしわど》（二十二歳九カ月）が同時に横綱に昇進するまで抜かれませんでした。

この親方、体が大きいのはもちろんですが、言葉遣いが丁寧でやさしかった。これは部屋に入ってからも変わりませんでした。

親方がちょっとやってみろというので、見よう見まねで呼び上げをやってみた。そうしたら、「いいんじゃないか。先輩の呼出に言っておくから」と。それで決まりです。こうして伊勢ヶ濱部屋での私の呼出人生が始まりました。

部屋には清國《きよくに》や部屋付親方で勝負審判も務めていた元関脇、開隆山《かいりゅうやま》がいました。清國はこの年の五月場所で活躍し、七月場所に大関に昇進しました。伊勢ヶ濱部屋が大いに盛り上がっていた時期です。

親方が言う先輩の呼出というのは、伊勢ヶ濱部屋にいた幸太郎さんです。私の本名は山木秀人《ひでひと》で、呼出名の秀男《ひでお》は幸太郎さんが付けてくれた。「秀人は読みにくい、秀男でいいだろう」ということでした。簡単なもんです。特に深い意味があるわけじゃありません。

この頃の呼出のトップは寛吉さんでした。その下に賢市さん、峰三さん、善三郎さん、永男さんがいましたね。

初土俵は一九六九年の三月場所。巡業で行った兵庫県龍野市（現・たつの市）で先輩の照夫さんと三郎さんから、「ここは仕切り線だから、仕切り線より前に出てやるんだよ」と教えてもらった記憶があります。

本土俵は五月場所でした。今日から本土俵に上がるんだよと言われ、「はい」と。土俵に上がる前も上がってからも目線をどこに向けていいかわからなかった。余裕がなく、まわりにだれがいるかもわからない。不思議な気分でした。まちがえてはいけないという気持ちだけでしたね。まあ、なんとか無事に勤めることができました。番数《ばんかず》は五、六番からだんだん増えていきました。当時、呼出の定員は三十八人でしたが、私を入れて二十三人しかいないので、その分、番数は多かった。今は、力士が減っていて、呼出は増えている状況ですね。私の入った頃は今の半分ほどでした。ちなみに、今の定員は四十五人です。

若い頃の思い出と言えば、一つに相撲列車があります。貸切の団体列車です。当時は地方場所や巡業に行く時はこれを使っていました。一応グリーン車がありましたが、若い衆は床が専門。巡業で道中が長い場合は、新聞を買って、それを床に敷いて座る。車中泊などでは新聞紙を敷いて床に寝たほうが楽でした。今はそんなことはしません。新幹線かバスを使っていて、みんなちゃんと座席に座れます。

また、バカなことをやってケガをしたこともあります。三月の大阪場所でした。夜の八時ともなれば、呼出はやることがないから、一人でちょっと遊びに出かけようとした。呼出はけっこう自由なんです。力士はそうでもない。それで、同じ世代の若い力士が、うらやましがって私のカバンを隠した。行かせないよと。それで相撲で勝負しようということになった。相手は若い衆といっても力士。こっちは小柄な呼出。無謀でしたね。でもね。私がエイッとつり上げたんです。たまたまそういう具合になった。間の悪いことに宿舎の床のパネルのようなものが一カ所抜けていて、つり上げた瞬間に私の足がそこにはまっちゃった。二人分の体重がかかっていたもんですから骨折ですよ。左足首の複雑骨折。五月場所の途中で退院できましたが、五月場所は、私はお休みとなりました。相手の力士は、関取まではいかなかった。以来、力士とは相撲は取っていません。

こんなことをしながら仕事を覚えていき、一九九四年七月場所から呼出の番付制が導入され、十枚目呼出に指名されました。その後、幕内呼出、三役呼出、副立呼出を経て、二〇〇八年一月場所に立呼出に昇進。この間、伊勢ヶ濱部屋が閉鎖となり、桐山《きりやま》部屋に移り、さらに二〇一一年に桐山部屋が閉鎖となったので朝日山《あさひやま》部屋に移って、ここで定年を迎えます。

呼出としての最後の仕事は、二〇一四年十一月の九州場所。白鵬《はくほう》関の優勝が決まった一番でした。忘れられない一番ですね。高校の同級生が来てくれて、NHKの放送でも、最後の仕事と紹介してくれたようです。最後の取組後、白鵬関から花束と懸賞を三本もらった。「お疲れさん」と言ってくれたような気がします。「ありがとう」とだけは言えたが、次の言葉が出てこない。何かもっと言いたかったんですが、彼も表彰式があったので、すぐ行かなければならず、結局、何も言えなかった。それが心残りです。目と目はしっかりと合ったので心は通じたと思います。

呼出人生を今振り返ってみて、定年まで無事に勤められたことがともかくよかった。でも、相撲はずっと続いています。それにもう関われないというのは、ちょっとつまらない気もしています。

こんな私の経験をまじえつつ、相撲に興味のあるみなさんに相撲のイロハを綴ってみよう思います。

目次

第二章 相撲の主役、力士と親方 ……69

第一章

裏方さんの話から

相撲を支える人々

相撲の主役は、言うまでもなく、土俵で優勝を目指して激突する力士たちです。その力士を育て、土俵に送り出す親方も主役級と言っていいでしょう。しかし、それだけでは相撲の世界は成り立ちません。どんな世界でもそうでしょうが、主役たちを支える裏方が必要です。相撲で言えば、軍配を手に「はっきょい、残った、残った、残ったぁ」と言いながら力士の勝負を裁く行司、扇子を手に「ひがぁーしー、何々うみぃー」と土俵に上がる力士のしこ名を呼び上げる呼出、力士たちの髷《まげ》を結う床山《とこやま》がいますし、幕下以下の力士、正式には力士養成員と言いますが、これを監督する若者頭（わかいものがしら、わかいもんがしらと読みます）や相撲競技に必要な用具を運んだり保管したりする世話人などもいて、こういった人たちがちゃんと働いて相撲の世界が成り立っているのです。

若者頭と世話人は力士出身の人が務めます。行司、呼出、床山は、以前は力士出身でもなれましたが、今はなれません。

行司、呼出、床山について、私がこの世界に入った頃、「名誉をとるなら行司、金をとるなら呼出、楽をしたいなら床山になれ」という言葉がありました。これを見ると、呼出はけっこう稼げるイメージですね。確かに昔はそんな面もありました。というのも、例えば、呼出は場内で土産物などを販売していて、その稼ぎが加わったりした。そんな余禄があったため、こんな言葉ができたのでしょうが、私がこの世界に入った時は、呼出による土産物等の販売は行われていませんでした。今は給料制。行司がいちばん多いのではないでしょうか。私と同じ時期に入った行司のほうが一年目の給料は少し高かった。また、行司が名誉を重んじるのは今も昔も変わりません。

それと、「楽をしたいなら床山」とありますが、何も床山が仕事をしないということではないですよ。後で話しますが、呼出には、呼び上げをするだけでなく、いろんな仕事がある。行司も相撲の審判をしているだけではない。一方、床山の仕事は力士の髪を結うことだけ。その時だけ仕事をすればいいので、そんな言い方が生まれたのでしょう。

力士を呼び上げたり、土俵を掃いたりしているのが呼出です

私の仕事は裏方の一つ、呼出でした。国技館やテレビで相撲を見ていれば、力士を呼び上げたり、土俵を掃いたり、懸賞旗を掲げて土俵をまわったり、行司に懸賞金を渡したりしている人が目に入るでしょう。あれ、みんな呼出で、企業の名前が書かれた着物と裁着袴《たっつけばかま》（裾《すそ》を紐《ひも》でくくっている袴）を身に着けています。呼出というから、力士を呼び上げているだ

三大業務
一、呼び上げ
二、土俵築《つき》
三、太鼓
そのほかにも色々
土俵を掃く
水を入れる
柝を打つ
懸賞旗を掲げて土俵を回る
現代書館
など

◉呼出の仕事

けと思っていた人もいるでしょうが、そうじゃありません。

呼出の仕事は、呼び上げのほかに土俵築《つき》という土俵の構築と太鼓、この三つが最大業務で、そのほか、カチカチと柝《き》（拍子木）を打ったり、懸賞旗を掲げて土俵をまわったり、土俵が乾いたら水を入れたり、土俵の砂を掃いたりと、場所中は忙しく働いています。

私がこの世界に入った頃は、呼出になるための決まりはあまりなく、電話一本で、いつでも来て、と言われ、行った日に決まったのですが、今はひと場所の見習期間が設けられていて、呼出の中の監督が判断します。向き不向きはありますが、ほとんどＯＫです。行司や床山も同様です。

呼出には階級があります。一九九四年十一月に改正されていて、下から序ノ口呼出、序二段呼出、三段目呼出、幕下呼出、十枚目呼出、幕内呼出、三役呼出、副立呼出、立呼出となっています。十枚目呼出以上は定員があって、それぞれ八人以内、七人以内、三人、一人、一人で、呼出全体の定員は四十五人です。

ここで十枚目呼出という言い方が出てきました。力士も行司も十枚目と言いますが、テレビなどでは十両と言っていて、こちらの言い方のほうがみなさんには馴染みがあるでしょうね。昔、幕下上位十枚目までの力士の給金が十両だったからという説がありますが、本当のところはよくわかっていません。十枚目以上の力士を関取と言います。以下、この本では正式名称の十枚目で通します。

呼び上げ
――ひと場所でうまくできたなと思うのは三日ほどでした

呼出でいちばん目立つ仕事が呼び上げでしょう。昔は分業のようになっていて、呼び上げをしないでほかの仕事をする呼出もいましたが、一九六五年一月からは全員でやるようになりました。

呼出が土俵に上がって、これから対戦する東西両力士のしこ名を呼び上げ、それが済んでから力士は土俵に上がるわけですから、一つの取組は呼び上げから始まると言ってもいい。初日から数えて奇数日は東から、偶数日は西から、力士が控えているほうに向かってパッと白い扇子を開いて、「ひがぁーしー、何々うみぃー、何々うみぃー」と呼び上げる。

日本相撲協会の幹部の人たちに「呼び上げる時、扇子を使う理由はという投書が来ているけれど、なぜなんだ」と聞かれたことがありました。そんなこと、わかりません。私は困って、「扇子がないと格好がつかないからなんじゃないですか」と言ったら、ある人が、唾《つば》が力士のほうに飛ばないようにという説があると、助け舟を出してくれた。実際のところはよくわかりません。

通常、三役以上の対戦の場合、しこ名は二回呼び上げます。優勝決定戦の時だけは一回。行司の第二十八代木村庄之助さん（本名：後藤悟）が本割《ほんわり》、本割というのは取組編成会議で決めた本場所の取組のことで、優勝決定戦はそれとは別なのだから一回でと提案して、それ以来らしいですが、ふだん二声なので、どうも調子がくるっちゃいますね。寛吉さんも当初苦労していました。

立呼出は最後の一番だけ呼び上げる。ほかの人は一日二番ですかね。やる気なら二〇番でもできますよ。

この呼び上げ、特にだれかが指導してくれるというわけではありません。見よう見まねで腕を上げていく。教える立場になってわかりますが、声の出し方などは、理屈じゃないので教えられない。こうしてみろ、くらいは言えますが、その通りできるかどうかわかりませんし、教えられるほうがどう受け取るかによっても変わってきますから。

でも、腹から声を出せとは言われました。どういうことかわかりませんでしたが、私は演歌が好きで、歌っているうちにコツはつかみました。自己流の腹式呼吸です。腹から声を出せば喉も傷めない。勝手に思っているのですが、呼び上げには演歌です。ニューミュージックを歌っていてはうまくならないと思うんですよ。演歌の抑揚が呼び上げに合っているんです。演歌は北島三郎さんの歌をはじめ何でも歌いますが、女性では島津亜矢さんがいいね。

彼女の歌は歌いやすい。

間の取り方なども口で教えてもわからない。東や西と言ってからしこ名に行く間が大切ですし、二声で大切なのもこの間です。次の声を出すまでの時間、早すぎてもいけないし、間が延びてもいけない。経験しかない。下手だと続けちゃうか、間が開きすぎるかしてしまう。芝居のセリフと同じようなものです。演歌をやっていないと、この間がうまくいかないと思っています。私の感想では、栄太呂さんの呼び上げが、色気があった。

栃若時代（横綱栃錦《とちにしき》と若乃花《わかのはな》の時代）、テレビで見ていたのが小鉄さん。小鉄さんが呼び上げる時は場内がシーンとなった。いくら声が通ると言ったってガヤガヤしていたら聞こえませんよ。お客さんが聞きたいから自然とそうなったんでしょうね。私がこの世界に入った時にはもう亡くなっていました。この人はファンの投書かなんかで定年が延長したようです。ファンが惜しんでもう少しやってほしいと。

前日に酒を飲みすぎることもあります。不安ですよ。ちゃんと声が出せるかと。でも、不思議と二日酔いの時のほうが調子がよかった。理由なんかわかりません。だいたい一五日間のうち、自分で納得のいく呼び上げができるのは三日もあればいいほうなんです。

それでもいつも緊張して臨んでいます。貴乃花《たかのはな》が横綱ですごい人気の時がありましたね。あの時、人気力士だから緊張するのではなどと聞かれたことがありましたが、取組や地位などで気持ちが変わることはありません。「だれの時も一緒だよ」と答えました。

でも、初めて横綱を呼び上げた時の緊張は上に「大」が付きました。伊勢神宮での巡業で大鵬を呼び上げた時です。トーナメントだったので横綱が最初の取組に出てきて、駆出しの私が呼び上げることになったんです。

あの人はいつもそうなんですが、呼出が「大鵬〜〜」と呼び上げる時、こっちをきちんと見ているんです。視線を感じる。だからよけい緊張しますね。白鵬もそんな感じです。少なくとも呼出の声をちゃんと聞いているのはまちがいない。

また、自分の部屋の親方、清國ですが、その親方が初めて審判委員として土俵下に座った時、かえってこっちが緊張しました。親方は私以上に緊張していたんでしょうが。

風邪なんかひいて声が出なくなってはいけませんから、体調維持には心がけました。健康の秘訣は早寝早起きです。

しこ名によって呼び上げやすい、にくいはあります。「錦」はみんな嫌がっていましたね。私は好きでしたが。「川」も呼びやすい。私が呼びにくかったのは「山」。人によります。文字数によっても違いますね。五音は呼びやすいが、二音、三音は難しい。途中でやめちゃったけど、「り」と一音の韓国の力士がいた。私は呼び上げたことはありませんが、これは呼びにくい。朝青龍《あさしょうりゅう》は呼び上げやすかった。反対に朝潮《あさしお》、武双山《むそうやま》なんかは呼びにくかった。武蔵丸《むさしまる》もそう。「る」と口が縮まっちゃう。

ところが、この武蔵丸の時、なんでこんなにうまくできたんだろうと思うほど、うまく呼び上げられたことがあった。そんな時はやっていてよかったと思うが、悔しいことにその理由が自分でもわからないから二度とできませんでしたね。

呼び上げる最初に言う東、西も難しい。私は西からのほうが好きでした。東からだと「ひがーしー」と声を出し切っちゃう感じがあるんです。

まちがえそうになったこともありました。二〇〇四年五月場所の朝青龍と北勝力《ほくとうりき》の優勝決定戦の時です。決定戦は一声。東、朝青龍と言って、西の北勝力の名前が一瞬出てこないで、元千代《ちよ》の富士《ふじ》の九重《ここのえ》親方が審判副部長だったせいか、「ち」と言って、「あ、違うな。だれだっけ」と北勝力の顔を見て、「北勝力」と言ったことがありました。

昔は、巡業先に素人呼出もいました。呼出が少なくて、本場所も手伝ってもらうこともあったんです。ふだんは農業などをしている人でした。外国人の呼出はいませんね。曙《あけぼの》に「外国人ではだめですかね」と聞かれたことがありました。漢字が読めないと務まりませんから無理でしょう。日本人でも漢字が読めないとだめです。極端に音程が悪くてやめていった人もいました。

てもち——呼出のカンニングペーパー

呼出が土俵に上がる時、右手には扇子がありますが、左手には紙を握っています。これは「てもち」と言って、その日の取組表です。土俵に上がる前に見て、確認する。自分が呼び上げる力士のしこ名くらい覚えておけばいいのですが、取組は毎日変わるものですから、土俵に上がってからうっかり忘れることもある。そんな時にチラッと見るのです。

てもち

場所中は毎日取組表が印刷されます。この十年はそれを拡大コピーして、段ごとに切って、最後の取組まで糊づけし、くるくるまるめておく。それを序ノ口呼出から使い、自分の分が終わったら切り取って次の呼出に渡すのです。最初のほうはきれいですが、最後のほうになると、前の人の汗で文字が見えなくなっちゃうこともありましたね。私も、入った頃はこれを作る担当をしていました。担当といっても、いちばん若かったので、私が作るしかなかったんです。

太鼓
——呼出の大事な仕事で櫓太鼓と触れ太鼓があります

相撲の興行に欠かせないのが太鼓。これを打つのも呼出の大事な仕事です。太鼓には櫓太鼓と触れ太鼓があります。

櫓太鼓は櫓の上で打つ太鼓。相撲会場に

高く築かれた櫓の上に上がって、私たち呼出がトントンと打つ。これには寄せ太鼓と跳ね太鼓があり、本場所中の朝八時半から九時に打つのが寄せ太鼓。相撲をやりますから来てくださいといった意味があります。昭和の初めまでは早朝に打っていたようですが、まだ寝ている人も多く、苦情があって今の時間になった。跳ね太鼓は、その日の相撲興行の終わりの打ち出し（弓取式が終わった時、呼出が柝を入れること）と同時に打つもので、「テンテンバラバラ」と聞こえて、お客さんが散っていく様子を表していると言われています。また、明日も来てくださいという意味も込められているので、千秋楽と一日だけの興行の時は打ちません。

この櫓、一六メートルくらいの高さで、けっこう高い。太鼓は縄で引き揚げるのですが、途中で落として太鼓を壊すということもありました。私じゃありませんよ。両国国技館の櫓は一九九五年五月からエレベーターがついたので、楽になりました。地方場所の場合は、そのつど建てます。名古屋場所の櫓は高くて怖い。巡業では櫓はつくらず、外で太鼓をたたきます。

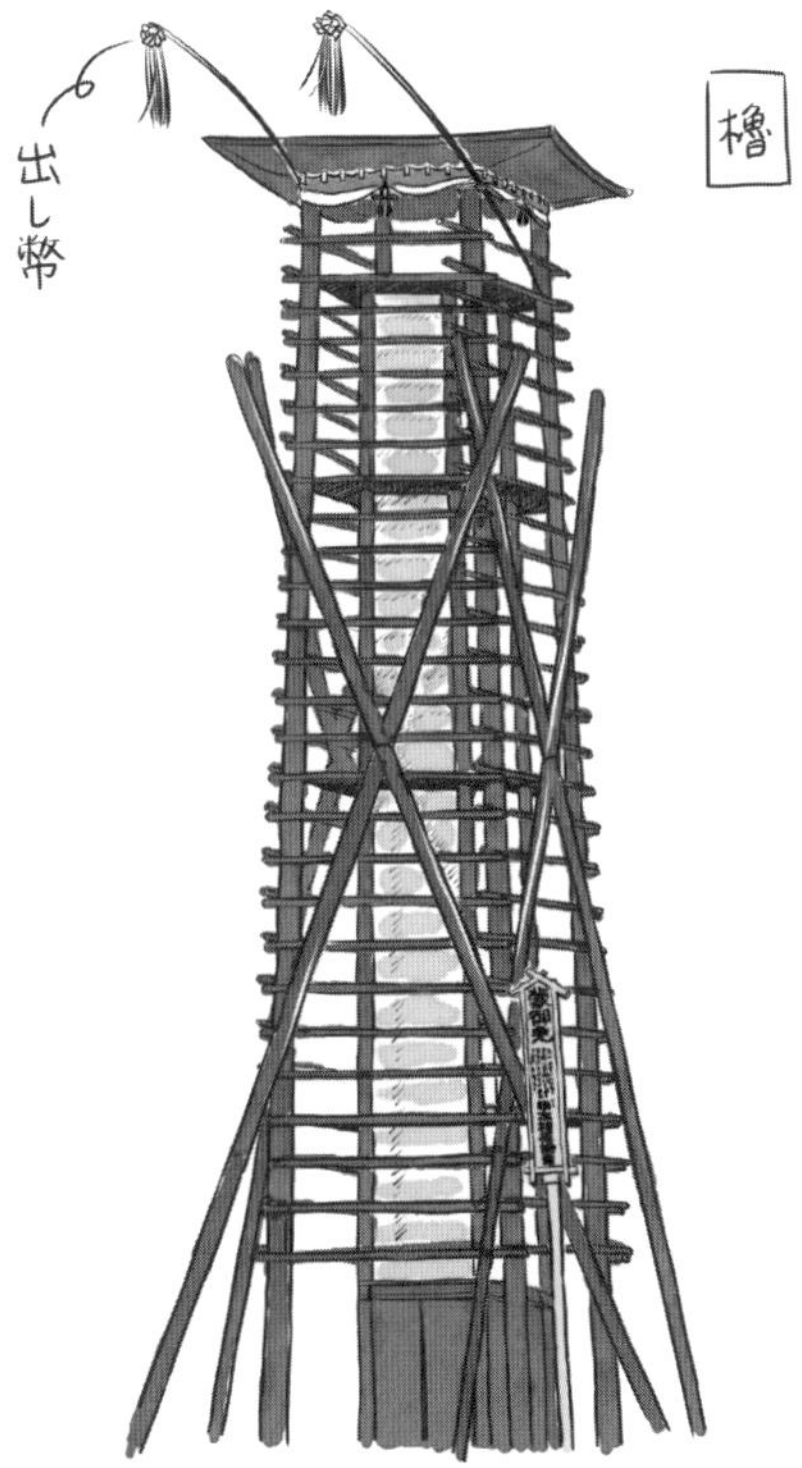

櫓の上からは竹竿が二本、アンテナのように突き出ています。出し幣です。「だしべ」、あるいは「だしっぺい」と読みます。竿の先には麻と幣《へい》が結んであり、これは天に対する礼を表しています。

触れ太鼓は、初日の前日に、明日が初日ですよと、呼出たちが太鼓を担いで触れて歩くことです。後でお話しする土俵祭の最後に、一基につき四人が組となった呼出が太鼓二基を担いで東の花道から土俵まで来て、一人が太鼓を、一人が胴を打ちながら土俵を左回りに三周してから街に出ていきます。外に出たら六人くらいになる。そして各相撲部屋や贔屓筋《ひいきすじ》などを巡り歩く。その時の口上は「相撲は明日が初日じゃぞえー、○○海に○○山じゃぞえー（これは初日の中入り後の取組です）。ご油断では詰まりますぞえー」。詰まるというのは席がいっぱいになっちゃうよということです。第一に行く部屋は、名門と言われる出羽海《でわのうみ》部屋。ここが午前一〇時と決まっています。ただ、一〇時からだと一日でまわりきれないこともあるので、内緒でほかの部屋に行ってから一〇時に出羽海部屋ということもあります。

呼出が触れ太鼓に出たいといっても、今までまわっていた人で抜けた人が

いたら呼ばれるということで、そうでない限り、自分からはまわれません。

私は、触れ太鼓は好きでした。発声練習にもなりますから。だから、立呼出になってからも、若い衆を集めて触れ太鼓の練習をしましたね。太鼓をたたくバチも、練習していないと手が忘れちゃうことがある。何でも練習は大事です。

ちなみに、太鼓の楽譜なんかはありません。全部自分の耳で覚えるんです。

土俵築——呼出総出の肉体労働です

力士が戦う場である土俵をつくることを土俵築と言い、呼出の仕事です。土で盛られた台形の部分だけでなく、その上の吊り屋根も含めて土俵と言います。台形の上の部分の円のところ、これが通称勝負土俵で、土俵築はこの勝負土俵をはじめ台形の部分全体をつくる作業です。台形の部分は一辺が六メートル七〇センチ、高さが三四センチから六〇センチ、勝負土俵は直径四・五五メートルあります。

土俵築は本場所が始まる前、三日かけて呼出総出で行います。土の乾き具合などの関係もあり、三日必要なんです。両国国技館の場合、前に使った土俵の表面の土を二〇センチほど削って新しくつくり直す。その時に使う土を荒木田《あらきだ》と言います。粘土質の土で隅田川の荒木田の原で採れたので、こう言っていますが、今は開発などの影響で、千葉県我孫子市や茨城県の筑波あたりの土を使っているようです。土俵築ではこの土を八トンほど使う。

まずクワで古い土を掘り崩し、新しい土をのせて形を整えます。そして、トンボで表面を平らにかきならし、タコという道具を使い、固めていき、さらにタタキでたたいて固め、表面をきれいにしていきます。重たい力士がドンと四股を踏んでも足跡がつかないくらい硬くしなければなりません。

それと、土俵の円などを作る小俵《こだわら》も同時に作っておく。これはワラに土を詰め、荒縄で縛ったもので、直径は一五センチくらい。長さは使う場所によって違います。勝負土俵を円に囲む勝負俵がいちばん大きくて約七八センチ。土俵築では六六俵の小俵を使います。小俵の断面は真ん丸ではなく、少し涙形にするので、その形にするため、ビール瓶でトントンたたく。これが丁度いい。本場所の土俵俵などをきちんと作れるようになるには十年かかります。

このように土俵築はすべて人力で行います。

土の整備ができたら、土俵の中心を軸にして五寸釘でコンパスの要領で勝負土俵の円を描く。そして円の線の部分に溝を掘っ

て、そこに小俵を埋める。突き棒というものでまわりの土を固める。小俵の六分を土に埋め、四分を出しておく。これだけなんです。それで、巨漢の力士同士がぶつかり合い、土俵に足をかけ、踏ん張ってもビクともしません。不思議なもんです。もっとも、場所中に次に説明する徳俵《とくだわら》が一度取れたことがありました。築があまかった。

勝負土俵に使う小俵の数は二〇俵。この中には徳俵というのが、正面と向正面、東と西に計四つ、土俵の円から一俵分はみ出した形で入っています。徳俵の地上に顔を出している部分は他の小俵より多めになっています。なぜこんなふうになっているかというと、昔は野外で相撲興行をしていて、雨が降った時、雨水を土俵の外に出すために円形の土俵の一部をずらしたのが起源と言われています。力士にとってはその分得なわけで、それで徳俵と言われているようですね。

小俵はそのほか、勝負土俵の外側の四角の部分の四辺に配する角俵《かくだわら》、四隅に置くあげ俵、上がり段を作る踏み俵、赤房下《あかぶさ》と白房下《しろぶさ》に作るもので、水桶を置く水桶俵があります。赤房とか白房とかいった言葉が出てきましたが、これは土俵の吊り屋根の四隅にぶら下がっている房で、正面の東寄りが青房、西寄りが黒房、向正面の東寄りが赤房、西寄りが白房です。それぞれ四季と四神を表していて、青が春で青竜神、赤が夏で朱雀神、白が秋で白虎神、黒が冬で玄武神です。

勝負土俵の中には仕切り線があります。長さ九〇センチ、幅六センチの白い線で、白エナメルで引かれています。土俵築の時だけでなく、場所中は毎日結びの取組が終わったら呼出が引いています。東側と西側の仕切り線の間は七〇センチ。この仕切り線を挟んで東西の力士が仕切るわけですが、力士は自分の線より前に手をついてはいけません。仕切り線が引かれたのは一九二八年（昭和三年）一月。それまでは何もなく、力士同士の感覚でやっていました。この仕切り線、エナメルですから、その上に砂がのったりすると滑ります。なので、別の素材を試したこともあるようですが、何を使えば最適か、未だに答えは出ていません。

円形の勝負土俵の小俵の外側二五センチのところには砂がまかれています。これを蛇の目《じゃめ》と言います。テレビでも国技館でもいいですが、勝負土俵の周囲を見てください。その部分が、勝負土俵の外側の他の部分と少し色が違っています。

土俵際で、熱戦が繰り広げられることがよくあります。力士は攻められても小俵に足をかけ、踏ん張ります。小俵の外に踵《かかと》が出ていても、宙に浮いていれば大丈夫ですが、地面に着いてしまったら負けです。そんな状況の時の足跡が確認できるように砂をまいてあるわけですね。足跡がわかるように取組と取組の間に呼出がいつも丁寧に砂を掃きならしています。

これに関して、ふつう力士はこの蛇の目に足跡をつけないようにしています。中学や高校を出て前相撲からとっている力士は部屋でそういうことを教えられますから、きちんとしていますが、学生相撲出身者はそういう教育を受けずに力士になるものですから、中には、塩をまく際にこの蛇の目に足跡をつけてしまう力士もいる。ちょっと残念です。呼出がそのつど掃いています。そのへん、ちゃんと教育しないといけませんね。だから担当の呼出は力士の動きから目を離さず、足跡がついたらすぐ掃く。前相撲の時などは、取組と取組の間や制限時間など、間隔が短いから、土俵の四隅に蹲踞《そんきょ》して、すぐ掃ける態勢をとっています。

両国国技館だけでなく、ほかの場所や巡業先でも土俵築は呼出がします。本場所で土俵が常設のところは国技館だけです。あとの大阪、名古屋、福岡はそのつどつくる。土は現地で調達。大阪の土はいいですね。場所によって粘り気など土の性質が違うんです。巡業先でも土俵築はやり、土は専門の業者が運んでくれることが多いんですが、現地の土でと言われることもあり、それが土俵に適した土でないと、セメントを混ぜたりすることもあります。そうすると、すぐに固まっちゃうんで、その日のうちに俵を入れないといけません。土俵築は肉体労働です。呼出総出でやるといっても、年配の人もいます。だから、体を使う作業はもっぱら若い人がやっています。私が入った時、これをやって一〇キロもやせました。

呼び上げ、太鼓、土俵築の三つともうまいという人はいません。特に太鼓の場合、うまいと思える人は何人もいない。太鼓のたたき方にも種類があって、バチを太鼓に平行にあてる平バチというのを寛吉さんがたたくのを聞いたことがあるが、これはよかった。私は太鼓はだめでした。下手だからこそ、聞く耳を持っていて、他人の上手い下手がわかるもんです。

最後に土俵築の監督がチェックして土俵築が終わると、土俵祭を行います。本場所初日の前日です。本場所は日曜日から始まりますから、土曜日。午前一〇時から始まり、三〇分ほどかかります。参列するのは理事長、審判部長以下の審判委員、立呼出など。それに三役以上の力士も加わります。祭主を立行司が務め、五穀豊穣、国家平安、土俵の無事を祈願します。途中呼出が枡を入れます。細かい手順は省略しますが、土俵祭では、土俵の中央に一五センチ平方の穴を掘り、鎮め物という縁起物を埋めます。勝栗、洗米、昆布、スルメ、塩、カヤの実で、これらをかわらけに入れ、奉書紙で包み、土俵の穴に入れて御神酒を注いで埋めるんです。これらは場所中、ずっと埋めたままにしてあります。

ちなみに土俵祭は一般の人も無料で見学できますので、興味のある人は見にいくといいでしょう。特に申し込みは必要ないですから、当日、国技館に行ってみてください。三役以上の力士の顔も見られます。一通り儀式が済んだら、控えていた呼出が太鼓を担いで土俵まで来て、先ほど述べた触れ太鼓をたたくという具合です。

余談ですが、私が三役呼出だった時、うちの部屋の土俵開き、これは土俵を新設したり、俵を新しくしたり、地方場所の宿舎に土俵をつくったりした時に行うもので、土俵祭もあり、その時の祭主を二所ノ関《にしょのせき》部屋の櫻井春芳さん、立行司の第二十九代木村庄之助さんに務めてもらった。で、土俵祭の最後には立行司が「あめつち云々」と口上を言うんですが、その際のことで私が彼に相談した。「うちの部屋の土俵祭の時にあなたにやってもらうんですが、こうしたほうがよくないですか」と。それまでは、呼出が柝を入れてから立行司が土俵に座って口上を述べ始めていた。私はその時の柝は意味がないと思った。立行司が座ってから入れれば、それをきっかけにして「あめつち」と口上を始めやすい。「そのほうがいいんじゃないですか」と私が言ったんです。そしたら、春芳さん、「あ、それいいね。これからそうしよう」。「なら、うちの部屋でやるときはそうしますから」となったんですが、それから本場所でもそうなりました。

このように、多くの決まりごとは、こうしよう、ああしようとできたものが多いんです。

柝を入れたり、懸賞旗を掲げたり、仕事はいろいろ

拍子木のことを柝と呼んでいます。桜でできていて、呼出はみんな自分の柝を持っています。呼出会で二本所有していますが、自分のものを使いこなさないとだめです。音がものによって違いますから。先輩から受け継いだものもありますが、やはり自分がいちばん気に入っているものを使うのがいい。

左手の柝をやや前に、右手の柝を後ろにずらして、右の柝の端を左の柝の真ん中にあてるように打ちます。これを、柝を入れるとか、柝が入るとか言って、柝を打つとは言いません。巡業に出てすぐに教えてもらいました。だれでもちょっと教えれば打つことはできます。白鵬関に教えたことがあります。ちゃんとできましたが、でも、いい音ということになると、そうはいきません。音の出るものは難しいもんです。

どういう時に鳴らすかというと、最初の取組が始まる三〇分前に、力士が控えている東西の仕度部屋で入れます。これが一番柝。一五分前に仕度部屋で入れるのが二番柝。そうすると、力士は仕度部屋を出て、花道前までやってきて、頬をパチパチたたいたり、屈伸運動をしたり、いろいろ自分なりの準備をします。そしてもう始まるよという時に、もう一度柝を入れます。これが呼び柝

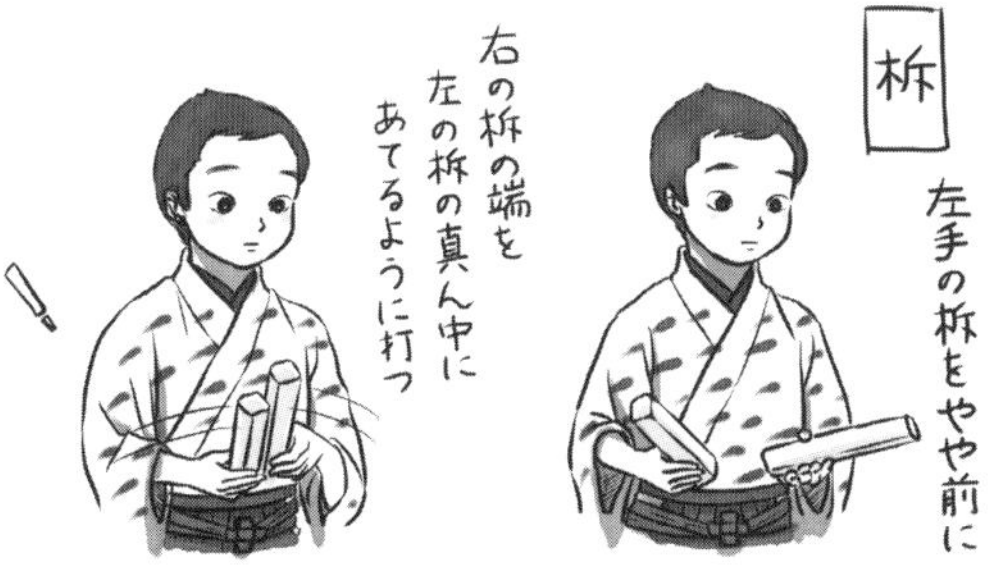

◉「柝を入れる」

です。また、一通り取組が終わり、それに続く弓取式が終わると同時にあがり柝が入ります。この時が、今日の取組は全部終わったよという打ち出し時間となります。

そのほか、土俵の上や土俵まわりで呼出はいろんなことをやっています。どんなことをやっているか一度見てください。テレビではあまり映してもらえませんが。

まず力士に制限時間になったことを伝える。勝負審判の時計係が時計を見ていて、合図をくれるんです。ほとんどの力士は時間がきてから立ちますが、別に時間前に相撲を始めても構いません。でもね、時間前に立たれると、こっちも一応段取りがあるから、泡を食いますよ。

さらに、力士が土俵上でまく塩、これを清めの塩と言い、粗塩で、本場所では一日四五キロくらい使いますが、この塩の準備をしたり、力水をつける力士に柄杓を差し出したり、不戦勝などの時、それを土俵に上がって知らせたり、懸賞旗を掲げて土俵をまわったり、ケガをした力士の補助をしたりしています。懸賞旗が多いと、一度まわって、別の懸賞旗を持ってまたまわるなんてこともあります。

座布団投げの後始末も大変です。横綱が負けると土俵上に座布団が飛び交います。お客さんの気持ちはわかりますが、あれ、禁止されていることなんです。危ないですからね。ミカンなんかが飛んでくることもあります。ケガしちゃいます。実際、座布団が場内放送の行司にあたって、マイクに口をぶつけてケガをし

◉座布団投げの後始末

たということもありました。

ものを投げるというのは、もともと祝儀の意味がありました。贔屓の力士が勝ったら、羽織や煙草入れなどを投げた。そこには屋号や家紋などが入っているのでだれが投げたかわかり、それを呼出が拾い、その力士の付け人が、投げた人のところに後で持っていくと祝儀をもらえたんです。「投げ纏頭《はな》」と言っていました。一九〇九年（明治四二年）にその投げ纏頭が禁止となり、単に座布団が飛ぶだけになった。今は、本場所では十一月場所（九州場所）で投げることができない座布団が使われていますが、ほかの場所では相変わらず座布団が飛び交います。飛び交っている最中にこれを拾って元に戻すのも呼出の仕事で、危ないし、大変でもあるので、できればやめてもらいたいですね。

土俵を掃くのも大事な仕事。コツもあるんです。力を入れて掃くと砂が全部動いてしまうからいけない。言葉では言えない加減があります。長いこと掃く仕事をしていると、箒《ほうき》の穂先のここを使えばいいといったこともあるんです。

このように呼出はいろいろな仕事をしているんですが、その間も取組はよく見ています。部屋での稽古もよく見ておく必要があります。そうすれば、相撲の流れがわかる。流れがわかれば、力士が土俵から飛び出してきたりした時、水桶をさっとよけたりできるわけです。

呼出の生活——私の場合ですが

本場所や巡業の時は、呼出はけっこう忙しいですが、ふだんは時間があり、私の場合、よく映画を見に出かけていました。別に黙って行っても文句は言われません。

入った頃は、朝六時に起きて親方衆のお茶出しをしたり、掃除をしたりしていました。地方場所では宿舎の風呂焚きなどもしました。大阪での三月場所はまだ寒いので、風呂焚きは暖かくて楽でした。

部屋では力士たちは午前中に稽古をしてから昼頃に初めて食事となりますが、私らは稽古はしないから朝飯を食べる。伊勢ヶ濱親方のおかみさんは、朝も部屋で食べればいいのにと言ってくれましたが、さすがに朝くらいは自分でと、喫茶店でモーニングなんかを食べていました。

力士たちの稽古が終わると、呼出が土俵を掃いたりします。これは本番の練習も兼ねています。

私が入った頃は、清國がまだ部屋で生活していました。一年くらいしてから彼が結婚して出て行ったと記憶しています。私は入ったばかり。十枚目以上の人は格が違ってなかなか話ができませんでした。まして清國は大関。ほとんど話なんかしませんでした。なんとなくとっつきにくかったし。でも、彼が引退してからは親しく話すようになりました。力士を呼ぶ時は、関取は何々関と呼び、あとはニックネームか「さん」でした。

呼出や行司は部屋に所属していますが、そこから出てはいけないということではありません。みんな相部屋で、毎日合宿しているようなものなので、それが嫌ならアパートを借りて、そこから部屋に通ってもいいんです。何人かでアパートの部屋を借りていた人もいましたが、結局、相部屋でしょうね。ただ、そうすると余計な家賃がかかる。部屋にいれば、生活費はほとんどかかりません。部屋によっては食費などの経費を一部取っているところもあります。私の場合、五〇〇〇円でした。最初の頃は月給一万五〇〇〇円もらっていて、そのうちの五〇〇〇円でしたから、一週間で小遣いはなくなっちゃいましたが、給料が上がってもずっと五〇〇〇円。ですから、お金もたまるようになります。私は、アパートより、いっそ買ってしまおうと、二〇代で家を買って、通いになりました。伊勢ヶ濱親方に相談したら、「あんた買うの？」と。別に止められませんでしたね。家を買う話が決まった頃、親方が亡くなりました。

部屋を出ると、部屋に通ったり、国技館に行ったりとけっこう大変で、部屋に毎日通わないといけないのかなと思っていて、最初はそうしていたのですが、ひょっとしたら毎日行かなくてもいいんじゃないかと、用がない時には行かなかったりした。何も言われませんでしたね。それで徐々に部屋に行く回数を減らしていきました。自分の仕事をきちんとやっていれば問題ないんです。

立呼出になると、本場所では十一時くらいに入り、着替えてお茶を飲んで、それで午前中は終わり。本場所中は付け人は付かないで、代わりに留守番が一人いて、お茶を入れたりしてくれます。この付け人は巡業中だけですが、十枚目呼出から付きます。

昼には弁当を食べて、私に会いにお客さんが来たらその応対をして、自分の出番を待ちます。本場所中は後進の指導もしません。それで最後の一番だけ呼び上げればいいんですから、立呼出はけっこう暇でした。

呼出の霊を祭る太鼓塚

両国の回向院の墓地のいちばん奥には太鼓塚という代々の呼出の霊を祭っ

たものがあります。一九一三年と言えば大正二年ですが、この十月に呼出の長谷川勘太郎の提唱で建てられたもので、今も五月場所の後、呼出全員が集まって法要を営んでいます。個人的に墓を持つことができない人もいるだろうということで作られたのではないでしょうか。中には無縁の人もいます。

◉呼出先祖代々の墓、通称「太鼓塚」

相撲の審判・行司
――勝負の判定が第一の仕事

相撲の脇役でいちばん目立つのは行司でしょうね。きれいな装束を身にまとい、すべての取組で主役の力士とともに最初から最後まで土俵にいるわけですから。でも、行司の仕事はそれだけではありません。呼出と同じように裏でいろいろな仕事をしています。

もちろん、行司の第一の仕事は勝負の判定です。呼出が力士を呼び上げ、力士が土俵に上がったところから仕事が始まります。まず土俵に上がった力士を今度は行司が呼び上げます。平幕同士の取組の場合は「○○川に○○山」というように一度だけ呼びます。三役力士の取組では片方が平幕でも「かたや○○川、○○川、こなた○○山、○○山」と呼び上げます。結びの取組は、その後に「この相撲一番にて本日の打ち止め」と言い、千秋楽の結びの場合は「この相撲一番にて千秋楽」です。十枚目最後の一番では、三役以上と同様に二声で呼び上げ、「この相撲一番にて中入り」と加えます。

力士が土俵に上がってからは、行司はかけ声をいろいろかけます。まず両力士が仕切りに入る時に「見おうて」と言います。立ち合いの呼吸を合わせるようにとの意味で、行司によっては「見合って」、「見合わして」と言ったり、「構えて」、「油断なく」と言ったりします。次に、立ち会う直前には両力士は両手を土俵につけるのですが、それを促すように「手を下ろして」と言い、呼吸が合わない時には「まだまだ」と声をかけます。

　何回か仕切っていると、制限時間になります。時間を計っている審判委員から合図があります。それを見て、行司は「時間です」と声をかけ、「待ったなし」と言います。

　立ち会って、両力士がゴツンとぶつかり、対戦が始まると、「はっきょい」、「残った」と、対戦の進行に合わせて何度も声をかけます。「はっきょい」は、力士の動きが鈍ったり、止まったりした時、奮起を促す意味の「発気揚々」。「はっけよい」、「はっきようい」と言う行司もいますね。一方、力士が技をかけている時には「残った」、「残った」と連呼します。

　この間、行司は絶えず動き回っています。力士はほとんど裸なのに、行司は装束に身を包んでいるので、特に夏場は大変ですが、二人の力士が激しく戦っているわけで、それに合わせて動かなければならないのですから当然です。もたもたしていたら力士とぶつかって、取組の邪魔をしてしまいますから。自分がケガをしてしまう危険もあります。実際、弾き飛ばされた行司もいます。しかし、いつも動いているのは、それだけの理由からではありません。行司は一カ所に止まらず、審判委員や観客の邪魔にならないように動かなければならないという決まりもあるのです。

勝負がいつまでもつかないで、両力士とも疲れが見えた時は、水入りとなります。四、五分が目安。時計係の審判委員が、それくらいの時間になると行司に合図します。それで行司は審判委員の確認を取ってから勝負を中断させます。これが水入り。力士は一度土俵を下りて、力水を口に含み、廻しがゆるんでいるので、それをきつくしたりして一休み。それから、両力士は土俵に戻り、中断した時と同じ形で組み合います。行司はそれを覚えていて再現する。そして力士と審判委員に異議がないかを確認。その時のかけ声が「いいか、いいか」です。同時に行司は両力士の褌《みつ》（廻し）を手でたたく。ここで対戦が再開となります。

それでも勝負がつかないときは、もう一回水入りがあります。それでも決まらないときは、二番後に取り直しとなります。その間、力士は一休みですね。この取り直しの時は、仕切りから始まります。

軍配――行司の必需品

この間、行司はずっと軍配を持っています。行司の仕事で欠かせないものです。ケヤキ、カシ、シタンなどでできていて、漆が塗られ、文字や文様が描かれています。特に何を描かなければならないという決まりはありません。いろいろです。軍配の柄には先が房になっている紐がぶらさがっていて、紐と房の部分を合わせて軍配の房と呼んでいます。代々受け継がれる軍配もあ

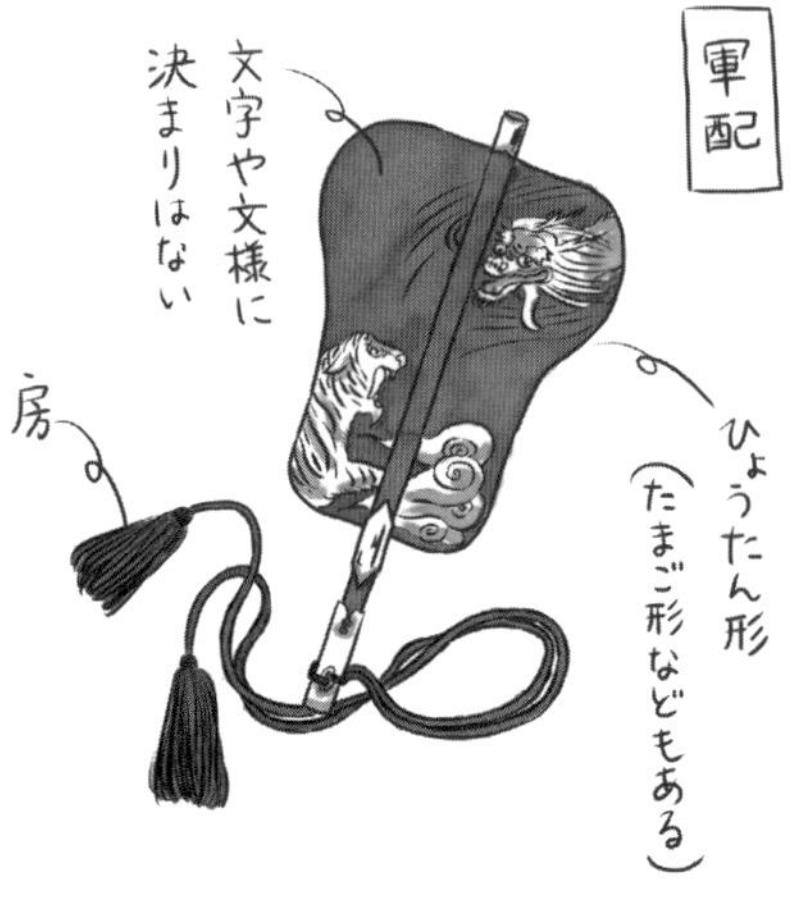

り、譲り団扇と言います。

行司はこれで勝負の判定をするのですが、それにまつわる言い方がありま
す。制限時間がいっぱいになって、両力士が最後の仕切りに入る時、行司は手首を立てて軍配を自分のほうに寄せます。この時、下向きになっていた軍配の面が見えるようになり、これを「軍配を返す」と言います。この時、行司は「時間です」と力士に伝え、続いて「待ったなし」、あるいは「待ったありません」と言います。そして、両力士の呼吸が合って立ち合った瞬間に軍配を手前に引き寄せます。これが「軍配を引く」。

勝負が決まると、東方もしくは西方の勝った力士のほうを軍配で指す。これが「軍配を上げる」。勝敗の判定がどれほどつけにくいものであっても、行司は瞬時に軍配を上げなければなりません。よそ見なんかしていられませんね。勝負が決まったら行司は軍配をその力士に向け、そのしこ名を言います。これを力士のほうから見て「軍配を受ける」と言います。これで正式にその力士の勝利となるわけです。しかし、物言いがつくと、自分のほうに軍

配が上がっても、まだ軍配を受けることはできません。

物言いとは、行司の判定に異議がある時に審判委員が異議申し立てを行うことで、審判委員の手が挙がると物言いとなります。審判委員は全員土俵に上がり、協議します。結果は、軍配どおりか行司差し違えか同体で取り直しかのいずれか。これを審判長が場内に説明し、取り直しならもう一番やりますが、軍配どおりか差し違えなら、勝った力士がようやく軍配を受けることになります。土俵下で見ている控え力士も物言いをつけることができますが、協議には加われません。行司は協議には参加しますが、判定に不満があっても口出しはできません。

物言いがついて協議している間、力士は土俵下に下がっているんですが、その時、呼出に聞くんですよね。「どうだった」と。まさか「あんたの負けです」とは言えませんから、困ります。だいたい「わかんない」、「もういっちょ」と答えます。よほど自信があれば、「勝っていますよ」と言いますがね。

行司差し違えの場合、行司の誤りということで、俗に「行司黒星」と言います。また、行司の最高位の立行司が差し違えると、その日のうちに理事長に進退を伺うことになっています。それくらいの正確さが要求されるわけですが、動きの速い勝負で、しかも一瞬で勝負が決まることもあり、なかなか大変な仕事だと思います。立行司は腰に短刀をさしています。これはもし差し違えたら腹を切るという覚悟の表現とされています。実際には腹を切った行司がいないのはもちろんのことです。

行司がさしている短刀は真剣ではなく、竹光《たけみつ》でしょうね。ただ、阿部正夫さんが第三十一代木村庄之助になった時に、これ真剣だよと言ったことがある。もちろん刃は切れないようにしたものでしょうが。

勝負が決まり、懸賞金があったら、行司は軍配に載せて力士に渡します。

場内放送——やっているのは行司

みなさん何気なく聞いている場内放送。アナウンスの勉強をした日本相撲協会の専門の人がやっていると思っている人も多いかと思いますが、違うんです。「東方、○○山、○○出身、○○部屋」、「行司は○○です」とか、「ただ今の決まり手は押し出し、押し出しで、○○山の勝ち」とかいったアナウンス、あれ、みんな行司がやっている。行司の装束ではなくネクタイ姿などでやっているからなおのこと、行司だとは思わない。

どこでやっているかというと、枡《ます》席最前列の簡単なテーブルと機器を置いたところ。別に専用のブースのようなものがあるわけではありません。ここで二人でやっています。幕内行司、十枚目行司、幕下行司のだれかが務めます。放送を担当する人が土俵を見ていて、補佐する人はモニターを見ています。それで決まり手も判断して放送しているわけです。判断が難しい場合は、担当の親方、ビデオ室に四、五人いて、決まり手係と言いますが、この係に確認してから放送します。決まり手がアナウンスされるまでちょっと時間がかかることがありますね。これは相談しているんです。また、土俵入りの際は土俵のところに来て、力士の紹介をしています。この仕事にも向き不向きがあり、声が高い人はよくありません。

この場内放送を長く務めたのが第二十八代木村庄之助さん。そのためにいろいろ研究していました。この人、私の師匠の照國さんの協会葬を仕切っていました。たいしたもんでしたね。

また、第三十二代木村庄之助、本名は澤田郁也さん、この人の行司の型はかっこよかったんですが、声がよく場内アナウンスもうまかった。この人は何でもうまいのに、自分からはあまりやりたがらない人で、ほめると、「冗談言うなよ」と必ず言うんです。「うまいんだからやりなさいよ」と言っても、「何言ってんだよ」といった感じでやらない。この人、定年の時、親方の出羽海が、元鷲羽山《わしゅうやま》ですが、お祝いのパーティーをやるから、お願いだからその時は頭を下げてくれと頼んだ。それでパーティーができたという話があるくらいです。字もすばらしいんですが、頼まれてもなかなか書かない。「やらないよ、そんなの」と。

顔触れ言上――行司と呼出で行います

顔触《かおぶ》れ言上《ごんじょう》も行司の仕事です。本場所の中入りの横綱の土俵入りの後、立行司が翌日の幕内の取組を紹介するというもので、千秋楽には行われません。翌日はありませんから当然ですね。それと、その日の相撲の進行が時間がかかっていて、時間が足りなくなるなという時は行司の判断によって省略されることもあります。

呼出も関わってくるので、どうやるのか詳しく説明しますと、行司と呼出が顔触れを持って土俵に上がります。顔触れというのは、対戦する両力士のしこ名を行司が墨

で書いた縦四八センチ、横三三センチの紙です。行司は、「はばかりながら、明日の取組をご披露つかまつります」とまず口上。それから顔触れを白扇の上に載せて、「○○山には○○川」と取組を読み上げてから左手に持って、東、正面、西の順に見せていきます。後ろには蹲踞した呼出が控えていて、それを左手で受け取り、西、向正面に見せ、右手に持ち替え、正面、東、向正面の順に見せていきます。これを繰り返して、翌日の幕内の取組を全部紹介し、最後に行司が「右、相つとめまするあいだ、明日もにぎにぎしくご来場を待ちたてまつります」と口上を述べて終わります。時間として七分くらい。この間、呼出はずっと蹲踞の姿勢。力士ほどではないですが、足腰を鍛えておかなければなりませんね。私は足腰は丈夫で大変じゃなかったですが、足をふるわせて頑張っている人もいます。それに、一枚一枚増える顔触れは右手に持って終わるまでずっと掲げているので、腕もけっこう疲れる。また、深く持つと、墨のところに手が触れ、手の汗で墨が溶けて手が汚れたりもします。

三代目の木村正直、第二十四代式守伊之助さんですが、この人の顔触れ言上はゆっくり。だから時間がかかり、その時にあたるときつかった。

番付書き――相撲字で書きます

番付表というものがあります。通称、番付。場所ごとに作られ、力士、行司、年寄、若者頭、世話人、十枚目以上の呼出、床山などの名前が一枚の紙にぎゅうぎゅう詰めの状態で書かれたものです。メインは力士で、東西に分かれて上から横綱、大関、関脇、小結と続き、上位ほど太く書きます。これを書くのも行司の仕事で、縦一一〇センチ、横八〇センチのケント紙に鉛筆で枠の線を引いて、筆で書いていくのです。三人くらいで取り組みます。私もこの世界に入った頃、同部屋の行司を手伝って線引きをしたことがありました。

番付の東西を分ける中央には大きく「蒙御免」と書かれています。これは江戸時代に勧進相撲の開催の許可を寺社奉行からもらっていた名残。その下に開催月日と場所、行司、審判委員の名前があります。全部で五段で、いちばん下の段の左端には、「此外中前相撲東西ニ御座候」、「千穐万歳大々叶」とあり、前者は「この番付に書かれた者のほかに、本中、前相撲の力士もいますよ」という意味。前相撲というのは入門したばかりの力士で、本中は序ノ口と前相撲との間にあったランクで今はありません。後者は「千年も万年も大入りになりますように」ということです。

書き上がったら縦五八センチ、横四四センチに縮小して印刷します。毎場所六〇万部も印刷されています。書くのに何日もかかるため、担当者は巡業があっても行かずに番付書きに専念。細心の注意を払って書くのでめったにまちがえることはないのですが、昔、力士の出身地が北海道なのに青森とまちがえたことがありましたね。かといって、全部書き直しをするわけにはいきませんから、紙を貼って修正しました。

ちなみに、この筆文字、相撲の世界だけで使われる相撲字という毛筆文字で書きます。字間の隙間をできるだけなくすように書くのがポイントで、お客さんがいっぱい入るという縁起を担いだものです。行司は見習いの時からこれを練習しますが、うまい人もいれば、そうでない人もいる。番付書きなどは、ある程度うまくなったら書かせてもらえますが、ふつうの習字がうまいからといって相撲字がうまいというわけではありません。

勝負結果の記録も行司の仕事。横綱から序ノ口まで全力士を番付順に書いたものを巻《まき》と言い、約九〇メートルにもなります。これは行司が相撲字で書くのですが、毎日ある取組の結果をここに記録していくんです。相手が勝った場合、相手の力士の判をその力士の上に、その力士が勝った場合は、相手の判を下に押していく。

そのほか、番付会議の書記なども務め、書く仕事は多く、うちの部屋の行司の中には朝起きたらすぐに筆を持っていた人もいましたね。そうすると、ああしろ、こうしろと用を言いつけられずに済むからです。もっとも、部屋で何もしないわけにもいきません。冠婚葬祭の宛名書きなど所属部屋の事務的な仕事もします。

行司のランク――ランクで装束が違ってきます

行司にもランクがあります。八段階で、序ノ口行司から始まり、序二段行司、三段目行司、幕下行司、十枚目行司、幕内行司、三役行司と上がり、最高位が立行司です。幕下行司から下をまとめて幕下行司以下と呼ぶこともあります。

立行司は二人。木村庄之助と式守伊之助を名乗ります。木村庄之助は結びの一番だけをさばきます。十枚目行司以上は二番さばくことになっていますが、原則であり、柔軟性があるようですね。

ちなみに行司はすべて木村か式守を名乗ることになっています。つまり、みんな木村さんか式守さん、だから、相撲の世界では名字で呼ぶことはあまりないですね。木村さんといってもだれのことかわかりませんから。呼出は

◉行司の装束

端《はな》っから名字なんてありませんが。

呼出ではランクが変わっても着るものは同じですが、行司の場合は着るものや軍配の房の色が違ってくるんです。直垂《ひたたれ》、烏帽子を着け、軍配を持つのはみんな同じ。直垂の菊綴（組み紐を房にした飾り）と、胸元、袖、裾にある飾り紐は軍配の房と同じ色です。違いをランクの上から見ていくと、立行司は左腰に短刀を携え、右腰に印籠をぶらさげ、白足袋と上草履を履く。

同じ立行司でも軍配の房の色は違っていて、木村庄之助は総紫、式守伊之助は紫白。三役行司以下は、短刀はなく、三役行司は印籠、白足袋、上草履で、軍配の房は朱色。幕内行司は印籠と上草履がなくなり、紅白の房の軍配に白足袋で土俵に上がります。十枚目行司は青白の房の軍配に白足袋。幕下行司以下は黒か青の軍配の房で白足袋は履かず素足です。早めに国技館などに行って、あるいは、テレビで行司の装束などの違いを見てみるのも、相撲の楽しみ方の一つかもしれません。

床山の仕事——大銀杏が結えて一人前

力士の髪を結う人が床山。行司や呼出と同じく各部屋に配属され、その部屋の力士の髪を結っています。三年間は見習い期間で、日本相撲協会の指示で経験の豊富な先輩床山のいる部屋に通って勉強します。

力士の髪にはふつうの髷と大銀杏があり、大銀杏は、頭の上の髷の先がイチョウの葉の形に似ているので、こう呼ばれています。力士は十枚目以上、つまり関取になると大銀杏が結えます。また、幕下でも十枚目以上の力士と取り組む場合は、敬意を示す意味で大銀杏にします。後でお話しする弓取式や初切《しょきり》（初っ切り）をする力士も、関取でなくても大銀杏を結っていますね。

もっとも、関取だっていつも大銀杏にしているわけではありません。本場所の取組や公の場所に出る時など以外はふつうの髷のままです。

床山はこの大銀杏を結えるようになって一丁前と言えるでしょう。見ていると最低五年くらいかかる感じです。一人の力士の大銀杏を結う時間は、熟練した床山でも二〇～三〇分はかかります。

私が入った頃の伊勢ヶ濱部屋には床山が二人いました。一人は自分の家か

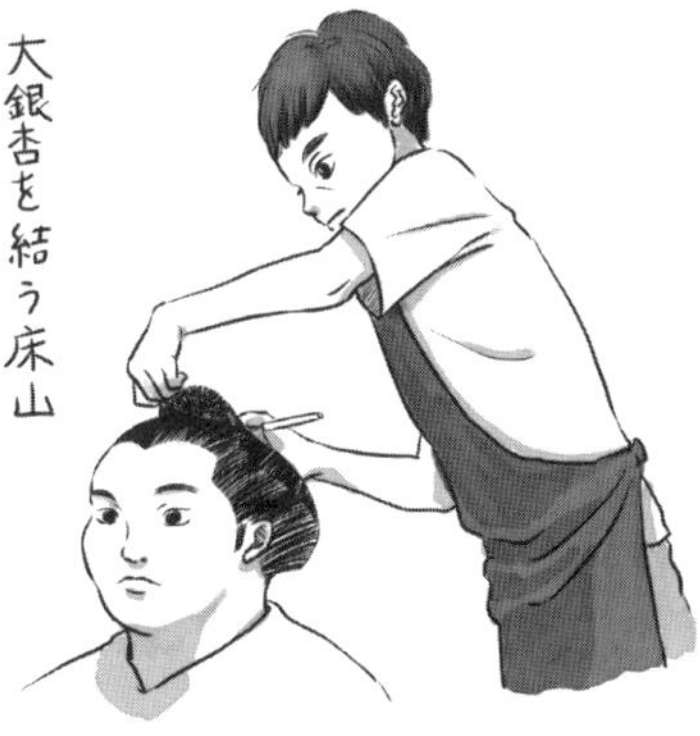

ら通っていました。ふつうの日の朝は、新弟子の頃は朝が早いですが、ランクが上がると、床山の仕事はないからゆっくり起きてくる。力士たちが午前の稽古を終え、風呂から上がってからが仕事ですから。清國が大関になってからは稽古前に頭を直すので、床山も朝早く起きるようになりました。床山はその仕事だけやっていればいい。ただ、呼出は仕事が終われば、あとは自由ですが、床山は関取と一緒にいなければならないことが多く、実際は自由はあまりないかもしれません。

床山にもランクがあり、五等から始まり特等まで進みます。髪を結う仕事といっても、理容師や美容師の資格はいりません。中には理容師の免許を持っている人もいましたが。

床山が使う道具には、荒ぐし、前かき、すきぐしなどのくし類、にぎりばさみ、かみそり、大銀杏を結う時に使う髷棒、やすりなどがあります。それに、菜種油と、ハゼの実から採った九州産の木ロウが原料で、「びん付油」と言われる、つや出しに使うすき油も欠かせません。力士の独特の香りはこれによります。また、元結《もとゆい》も必要です。丈夫な和紙を細く切って木綿で巻き、海藻と米で作ったのりを塗って乾かしたもので、これで力士の髷を縛っています。激しい取組でこれが切れることもありますが、切れたからといって床山の責任にはなりません。

若者頭と世話人——元力士がなります

若者頭は、単に「頭」と呼ばれることも多いです。日本相撲協会の一員ですが、各部屋に所属し、新弟子検査に合格した力士である力士養成員の監督・生活指導・世話をしたり、勝負結果を記録したり、取組の進行係を行ったりしています。力士がケガをしたり、病気になったりした時の世話もします。

この人たちは元力士。十枚目あるいは幕下で現役引退した力士で適格者と認められた人がなっていまして、定員は八人以内です。

世話人もなれる条件は若者頭と同じで、以前は定員も同じでしたが、今は増えています。若者頭の補助のような役目をしていて、仕事は、相撲をする上で必要な用具を保管したり、運搬したり。巡業先でテントを張ることも世話人の仕事。そのほか、木戸（出入口）でお客さんの世話をしたりもしますね。また、仕度部屋の管理も行っています。

仕度部屋というのは、力士の控室で、正式の言い方は力士控え室。取り組むため土俵に行く前に、力士はここに入り、廻しをつけたり、準備運動をしたり、体を休めたりと、思い思いの形で自分の取組を待ちます。国技館の場合、東西の花道の奥にありますが、番付の東の力士が東に、西の力士は西にというわけではありません。その日に対戦する番付の上のほうの力士が番付と同じ仕度部屋に入り、下のほうの力士は反対に入るという決まりになっています。

若者頭も世話人も現役時代のしこ名で呼ばれています。

第二章

相撲の主役、力士と親方

力士になるには

日本相撲協会の力士検査に合格して登録された人を力士と呼びます。力士検査は通称、新弟子検査。本場所の初日の数日前に行われます。

新弟子検査を受けるには、義務教育を修了していて、しかも二十三歳未満でなければなりません。ただし、日本相撲協会が指定している社会人やアマチュアの大会で一定の成績を残した人は二十五歳未満。このほか、体格の条件もあります。身長は一六七センチ以上、体重は六七キロ以上です。三月場所の新弟子検査の受検者は、中学校卒業見込みの者に限り、身長が一六五センチとなっています。

以上の条件を満たしていれば新弟子検査を受けられます。検査の申し込み

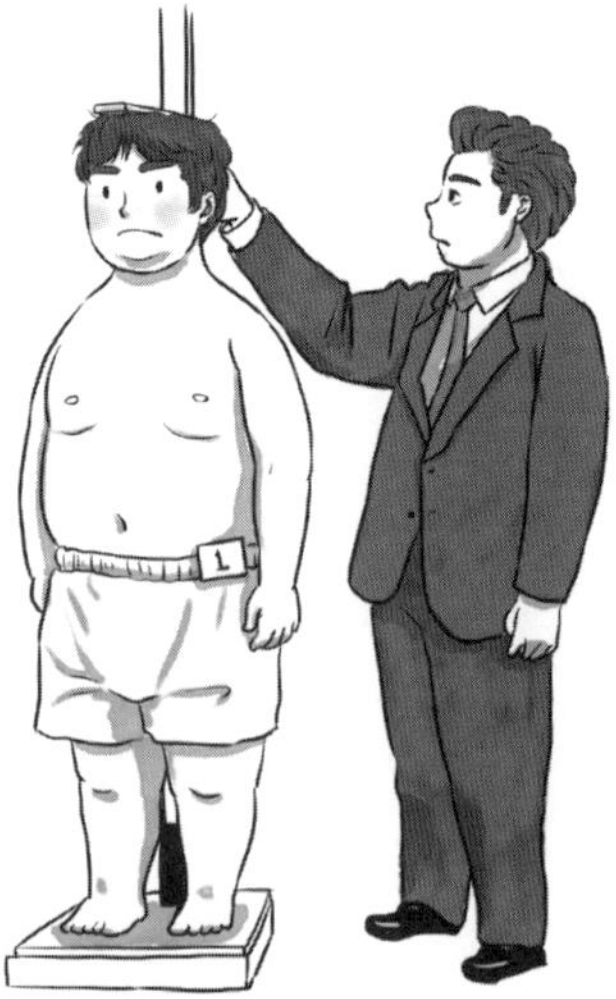

は、必要な書類をそろえ、自分が入りたい部屋の師匠となる親方を通して、日本相撲協会に力士検査届を出し、合格したら（協会が指定した医師による健康診断にも合格しなければなりません）、力士になれるという仕組みです。時期としては三月場所が卒業時期と重なるので受検者が多くなります。

さて、検査に合格したら、本場所の三日目から始まる前相撲を取ります（三月場所は二日目から）。前相撲は番付に名前が出ないので番付外とも言い、ここで三勝するまで取り続け、成績優秀者から順に出世し、新序出世披露を受けて、次の場所から序ノ口としてしこ名が番付に書かれます。

新序出世披露の言上《ごんじょう》は幕下以下の行司が行い、新序となった力士がみんなで土俵に上がってから、「東西東西、これに控えおります、力士儀にござります。ただ今までは、番付外に取らせおきましたところ、当場所日々成績優秀につき、本日より番付面に差し加えおきまするあいだ、以後相変わらずごひいきお引き立てのほど、ひとえに願いあげたてまつります」と口上を述べます。力士たちは化粧廻しを締めていますが、まだ作れるような身分ではないので、先輩力士から借りたものです。

新序になったら、相撲教習所で半年勉強。両国の国技館の中にある施設で一九五七年にできました。ここで実技と教養講座を履修します。実技は、指導員の親方と現役指導員から四股《しこ》、鉄砲、すり足などの基本動作を学びます。

◉相撲の基本動作

四股はよく相撲で見る、片足を上げてドスンと地面を踏む動作。鉄砲は突っ張りの稽古のこと。脇をしっかりと固めて右手で突く時は右の腰を入れ、同時に右足をすり足で入れていく。これを左右繰り返す。この動きは攻める時の手と足の基本の動きであり、相撲部屋の稽古場にはこれを行う柱、鉄砲柱があります。

この四股と鉄砲は相撲では基本中の基本。「四股十両鉄砲幕内」という言葉があるほどです。四股がきちんと踏めれば十両（十枚目）の力士にふさわしく、理にかなった鉄砲ができれば幕内力士というほどの意味です。すり足は、土俵の表面から足を離さないで足を運ぶことです。

教養講座のほうは、相撲史、国語（書道作文も）、社会、相撲甚句《じんく》・修業心得、運動医学を学びます。月曜日から金曜日まで、午前中に実技をして、約一時間の教養講座を受け、風呂に入り、食事をして、掃除もして帰るという毎日です。教養講座は、行司や呼出など、日本相撲協会の関係者も希望があれば参加できます。

この間、衣食住は自分が所属する部屋で賄ってくれます。だから食えないということはありません。また、日本相撲協会から場所ごとに手当てが出ますので、小遣いも少しはできるでしょう。部屋によってはその一部を預金しているところもあるようです。

服装は、新弟子でも外出時は力士らしい格好をしなければなりません。夏場は浴衣、寒くなったら着物です。部屋にいる時はその必要はありません。みんなTシャツやジャージで過ごしていますし、近くのコンビニなどに行くくらいはジャージなどでも大目に見てもらっています。

ところで、今は外国人力士が増え、特にモンゴル出身者が多いですが、モンゴルの力士たちは結束が強い。みんなで集まってアドバイスをし合ったりしています。これはいいことだと思います。外国人力士でも相撲のしきたりなどに馴染めず、帰っていく人も多い。特に外国人力士が入ってきた頃の人は苦労した。高見山《たかみやま》のいた高砂《たかさご》部屋は厳しくて大変だったようです。高砂親方は元横綱の前田山《まえだやま》。故郷のハワイに帰るにもお金がないし、パスポートも

預けてあるので、高見山は山手線に乗ってぐるぐる回って泣いていたと言いますよ。でも、頑張ってあれだけ出世した。おかみさんがいい人で、ちゃんこの味に馴染めない彼にハムエッグなんか作って、我慢してねと、支えたようです。

力士の昇進——十枚目になって関取と呼ばれます

力士はどのように昇進していくのでしょうか。

番付外から序ノ口になって、番付にしこ名が極細の小っちゃな文字で載ります。その時によって違いますが東西で一〇〇人くらいになるわけですから、小っちゃくなるのは仕方ないですね。なかなか見えにくいので「虫眼鏡」なども言われています。物事が始まったばかりのことを「まだまだ序の口だよ」と言いますが、これはここから来ています。

序ノ口の次が序二段。番付表の下から二段目にしこ名が載るのでこう言われています。番付表の上から三段目にしこ名が載るのは三段目。三段目になると番付だけでなく、ちょっとした違いを味わえます。それまでは下駄しか履けなかったのが雪駄を履けるようになるんです。羽織も着られる。次が幕下。番付

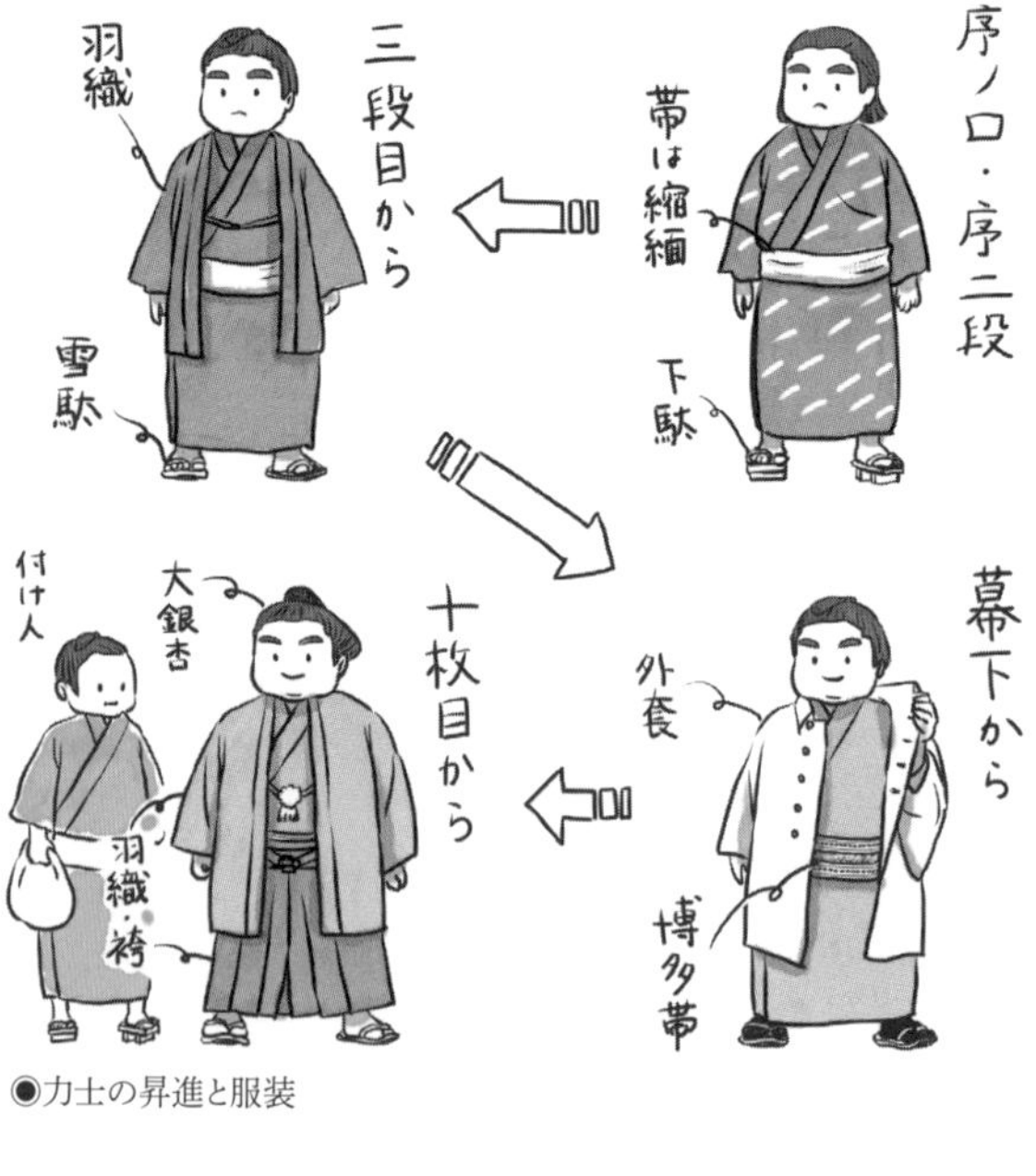

◉力士の昇進と服装

表が上から二段目になるので、正式には幕下二段目です。幕下になると外套も着られ、帯も、それまでは縮緬《ちりめん》だったのが、初めて博多帯を締められます。ここで頑張ればいよいよ十枚目、つまり十両に上がれます。

十枚目も番付表は幕下と同じ二段目ですが、字の太さが違います。それだけでなく十枚目以上は関取と呼ばれ、本場所では一五日間毎日相撲を取ります。扱いもずいぶん違ってきます。テレビで見ているとわかりますが、しこ名を呼ばれて土俵に上がると、力士はまず拍手《かしわで》（柏手）を打ち、両手を広げて四股を踏んで力水で口をすすぎます。「清めの水」、「化粧水」とも言い、身を清めるという意味があります。この力水をつけてもらえるのは十枚目になってからです。「力水をつける」というのは、これから取り組む力士に力水を柄杓にくんで出してやることで、これをしてくれるのが前の取組で勝った力士。自分が東から土俵に上がる場合は、同じ東側で勝った力士です。前の東側の力士が負けてしまったら、次の取組の控えの力士が行います。最後の一番で控えの力士もいない場合は、結びの力士の付け人が水をつけます。

力水をつけてもらったら塩を土俵にまきます。このまき方に力士それぞれの個性が出て、場内を沸かせますが、この塩を清めの塩と言います。神聖な土俵を清め、邪気を祓うと同時に力士の身も清め、安全を祈る意味もあります。それと、取組で擦《す》り傷ができた時の消毒の意味もあるんですが、この塩をまけるのも原則として十枚目になってから。

そのほか、十枚目になると、羽織・袴、絹の締込《しめこみ》、土俵入りの化粧廻しが許され、大銀杏も結え、さらに付け人も付きます。付け人というのは、関取の廻しの着け外しや洗濯、入浴の手伝いなど身の回りの世話をする幕下以下の力士で、「若い者《もん》」とも呼んでいます。それまでは付け人だったのが、付け人を付けてもらえるわけですから、気持ちいいでしょうね。しかも、一人じゃないですよ。十枚目でも二、三人は付きます。十枚目の上の幕内だと三、四人、横綱になると八から十人も付きます。ただ、同じ部屋に関取の面倒を見るだけの数の若い者がいるとは限らず、その場合は他の部屋から借りることもあります。付け人は、この仕事をしながら相撲の世界のことを学んでいくわけです。

また、十枚目になると、明け荷《あに》も持てる。関取の荷物入れで、竹で作られた箱状のものです。竹の上に和紙を貼って、渋と漆で固めてあり、しこ名がでっかく書いてあります。縦四五センチ、横八〇センチ、高さ三〇センチくらいで、中身は、締込や化粧廻し、さらし、仕度部屋や土俵下の控えで使う布団などで、中身が入ると、一〇キロほどになりますから、重いですね。本場所では初日の前日に運送屋が各部屋をまわって仕度部屋に運んでおき、千秋楽までそこに置いてあります。昔は部屋の若い力士が運んでいました。明け荷は、横綱になると三つくらい使っています。

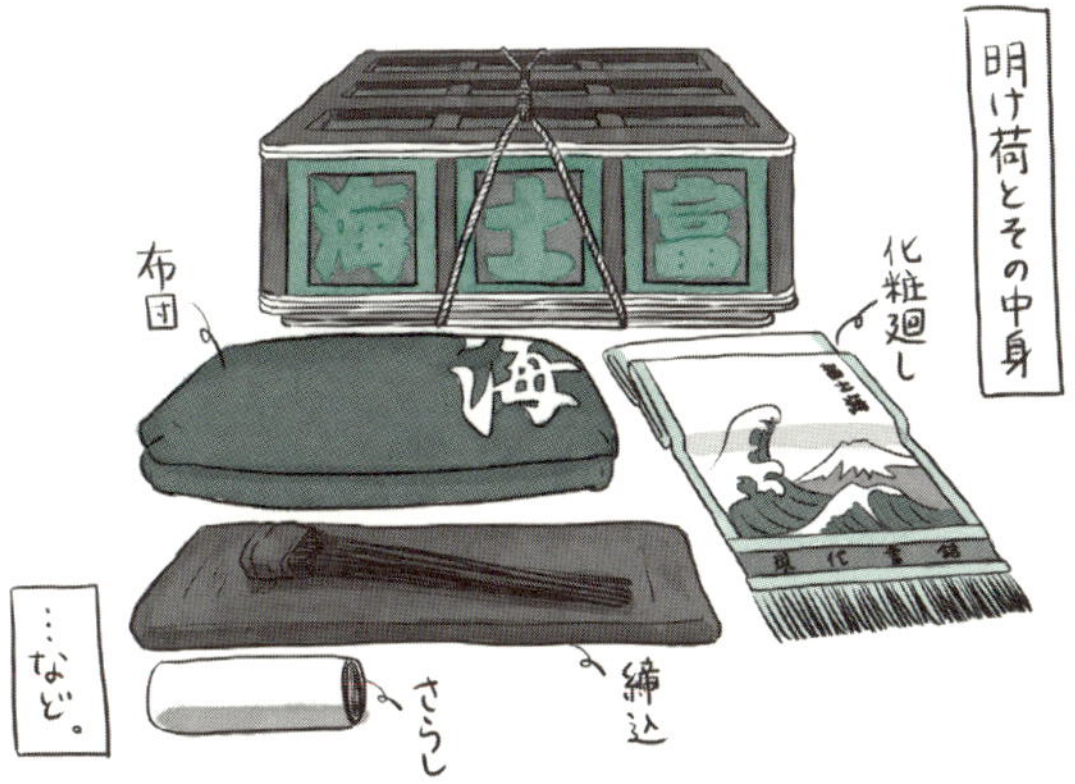

もう一つ、十枚目になって大きく変わる点があります。日本相撲協会から月給という形でお金をもらえるんです。金額もけっこうなもので、収入も格段と増える。

周囲も「関取」とか「○○関」とか呼ぶようになります。十枚目以上になって一人前。力士となったからにはまずここまでは上がりたいでしょう。

十枚目で勝ち越して、つまり八勝以上して番付を上げていく。上のほうの番付で勝ち越すと、いよいよ幕内の前頭に上がります。その上が小結以上で、これと区別して前頭を平幕とも言います。ここで勝ち越していけば三役。三役とは小結、関脇、大関のことです。小結で勝ち越せば、その時の状況によりますが、関脇になります。しかし、同じ三役でも一度勝ち越したくらいでは大関には上がれませんし、負け越せば、小結だったら平幕にというようにすぐに落ちてしまいます。だいたい平幕の上位、小結、関脇は、横綱や大関と必ず取り組みますから、勝ち越すこと自体大変なんです。その上、大関になるには、関脇で三場所続けて好成績を残さないといけません。それも、八勝七敗というようなやっと勝ち越しているくらいではだめです。三場所で三十数勝しないといけません。平均して一場所一〇勝以上はする必要がありますし、その間、優勝するなり、横綱や大関を倒すなりしておかないと、強さはアピールできないでしょうね。

大関になると、給料もグンと上がるし、巡業の新幹線も大関と横綱はグリーン車。それに一度負け越しても大関陥落ということはありません。関脇以下とは違いますね。一度負け越すと角番《かどばん》となりますが、まだ大関。その場所で勝ち越せば、角番でなくなり、次の場所に負け越しても、また角番になりますが、大関のままでいられます。ところが、角番で負け越すと、つまり二場所続けて負け越すと、大関から関脇に落ちてしまいます。しかし、それでも望みはまだあります。次の場所で頑張って関脇で一〇勝すると、大関に再昇進できるのです。次の場所で、に限ります。次の場所九勝で、その次に一〇勝しても再昇進はできません。昇進するには、また頑張って三場所続けて好成績を上げなければなりません。実際、一度大関になり、陥落し、平幕、あるいは十枚目で相撲を取り続けた力士もいました。また、平幕になって大関に返り咲いた力士もいます。

大関の次は横綱。これが最高位です。なかなかなれません。大関で二場所連続優勝するか、それに準ずる好成績を残すかしなければなりません。また、それだけでなく、品格と力量が抜群でなければなりません。安定した、しかも圧倒的な強さと品格が求められるのです。一度横綱になると、負け越しても降格することはありません。というか、認められないのです。負け越すということは、力量が抜群でなくなったということで、横綱の責任を果たせません。そのため、引退しか道がなくなります。

しこ名——力士の名乗りのことで、本名でも構わない

しこ名とは力士の名乗りのことです。今は土俵で四股を踏むところから「四股名」という字があてられますが、もともとは「醜名」でした。ドスン

と地面を踏んで大地の邪気（醜）を追い払う神事を行う人の名称だったようです。また、「醜い」という字ですから、謙遜の意味もあったとか。江戸時代から「四股名」になりました。

だいたい故郷の山や川、海にしたり、師匠のしこ名の一部をもらったりすることが多いですが、最近は、山、川、海というのは減っています。遠藤《えんどう》のように本名でも構いません。母校や後援会の会社に由来するものもあります。また、安馬《あま》から日馬富士《はるまふじ》に変えたように途中で変えても構いません。

外国人力士が増え、当て字が多くなっていますね。なんて呼んでいいかわからないものもあって、直接本人には聞けないから、その部屋の者に聞いたりします。

しこ名は師匠が決めてくれますが、本人が決めてもいい。師匠はそのほうが助かるんじゃないですかね。手間が省けて。

また、出世名というものもあります。相撲部屋に伝わるしこ名のうちの出世した力士が名乗っていたもので、代々継承されるしこ名のことです。井筒《いづつ》部屋の逆鉾《さかほこ》、高砂部屋の朝潮や高見山、出羽海部屋の出羽の花《でわのはな》、伊勢ノ海《いせのうみ》部屋の柏戸《かしわど》、佐渡ヶ嶽《さどがたけ》部屋の琴櫻《ことざくら》、二子山《ふたごやま》部屋の若乃花などがあります。

廻し——ほどけて前が見えたら負け

力士が腰に巻いている立派なふんどしを廻しと言います。これを「褌」と、ふんどしと同じ字を書いて「みつ」と呼んでいます。この廻し、各部によって呼び方があり、お腹の部分を前褌、その下の大切なところを隠している部分を前立褌、腰の部分を横褌、背中の部分を後ろ褌、背中側の結び目の下に縦になってお尻の割れ目を隠している部分を立褌もしくは後ろ立褌と呼びます。前立褌は通称前袋。対戦中に相手のここをつかんだり、指を入れて引っ張ったりしたら反則負けです。立褌も対戦中につかんではいけません。こちらは反則にはなりませんが、行司から注意されます。ここをつかまれてお尻の割れ目が見えちゃう力士もたまにいますね。

廻しには十枚目以上の力士が土俵に上がる際につける締込、稽古の時に使用する稽古廻しがあります。稽古廻しは足袋の底などに使われる雲斎木綿《うんさいもめん》という白く固い素材で作られています。関取は白のまま使いますが、幕下以下の力士は黒か紺に染めたものを使い、稽古時だけでなく、本場所でもこの廻しで土俵に上がります。

締込は、博多織の繻子《しゅす》で作られていて、いろいろな色に染められています。長さは約九メートル、幅は八〇センチと結構大きい。力士はこの幅のところを六つに折って使っています。これだけのものだと締めるのも大変です。呼出の裁着袴のように簡単にはいたり、脱いだりはできません。でも、人間ですから、廻しをしっかり締めてから、用を足したくなることもあります。小

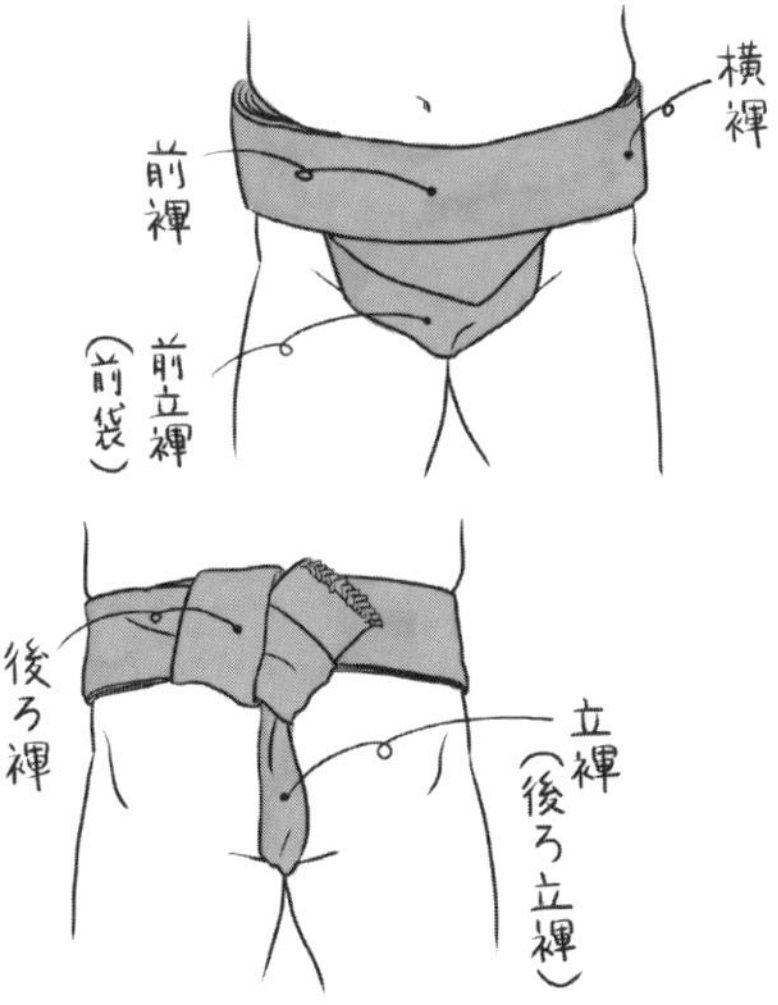

◉褌の各部の名称

のほうは前袋をちょっとずらしてできるんですが、大きいほうはそういきません。だから、自分の取組が迫っていたら、我慢するしかないでしょう。腹の具合が悪い時もある。名前は言いませんが、戦っている最中に漏れてしまい、「すみません」と謝っていた力士もいました。多分負けたと記憶しています。まあ、力は入りませんよね。

◉とにかく我慢するしかない……

この廻し、しっかりと締めるのが基本です。ほどけて前が見えてしまったら負けですから。だからゆるくなったら、対戦中でも行司が相撲を止めて締め直すことがありますが、力士によって、きつく締める力士と少しゆるめに締める力士がいます。これは彼らの戦術。相手が押し相撲の場合、押し相撲をさせないために、ゆるくしてわざと廻しをつかみやすくしたり、反対に自分が押し相撲の場合はきつくして廻しを取られにくくしたりするんです。きつくしていれば、廻しを取られても切りやすいという面もあります。

また、廻しの前のところには細い縄のれんのようなものがぶら下がっています。下がりと言います。廻しの間に挟んで垂らしています。前を隠すという意味があるとされていて、材料は廻しと同じ織物の縦糸。これを束ねて、櫛《くし》を通してほつれを整えてふのりで丸く棒状に固めて乾燥させて作ります。先端は平らにつぶしてあります。各部屋の若い衆が作っていますね。手にのりをつけてしごいていくんですが、こののりづけがうまくないのか、下がりがやわらかいものもあります。若い衆がやり方がわかっていないのかもしれません。ぶら下がっている本数は縁起を担いで一三、一五、一七というように奇数です。

下がりは廻しに挟んだだけなので、取組中にすぐはずれます。これを自分で拾ったら負け。実際、戦っている最中ですから、そんな余裕はないでしょう。土俵に落ちたり、はずれそうになったりしたら、行司がすばやく取っています。行司は俊敏でないと務まりません。

廻しの下には何もはいていません。しかも洗わない。陰干しする程度。天日干しはしません。考えてみたら汚いね。稽古廻しの場合も洗うなと言いますが、汚れますし、臭くなりますから洗っています。

廻しにはこのほか化粧廻しがあります。弓取式を行う力士と、十枚目以上の力士が土俵入りの時につけるもので、緞子《どんす》を素材にした博多織や西陣の綴れ織りで、前垂れの部分は裏地が金襴《きんらん》で、表は金糸銀糸などで柄が描かれています。この柄は力士によっていろいろで、土俵入りの時にそれを眺めて楽しむのもいいでしょう。垂らした時、下になる部分を馬簾《ばれん》と言い、横綱と大関だけがここに紫色を使うことができます。これだけの素材で一つひとつ作られるわけですから高価ですが、力士が自分で作るのではなく、後援会などが昇進などを祝って作ってくれます。そのためか、後援者の会社名が入っているものもありますし、大学出身の力士では大学の校章を描いているものがあります。

横綱の土俵入りの場合、太刀持《たちも》ちと露払《つゆはら》いを伴いますが、彼らの化粧廻しも含めて三本一組で作られ、「三《み》つ揃《ぞろ》い」と呼ばれています。

力士の一日――稽古は午前中だけです

本場所や巡業などがないふつうの日の力士の生活パターンはだいたい決まっています。部屋によって時間の違いはありますが、だいたい朝六時頃起床。すぐ稽古です。

稽古は、ふつうは番付が下の力士から始め、四股、鉄砲柱に向かって両手両足を動かす鉄砲、膝を伸ばして足を左右に開いて腰を落とし、上半身を地面につける股割り、地面から足を離さずに前に運ぶすり足、これらの基本運動を行ってから、三番稽古に入ります。三番取り組むというのではなく、同じ相手と何番でも続ける稽古です。それが終わると、申し合い。これは勝ち抜き方式で、勝った力士が相手を指名して、相手を変えながらする稽古です。

負ければ終わりですから、負けたらその分、稽古量が減りますね。相手を指名することを「買う」、指名されることを「売れる」と言います。

これが終わったら、ぶつかる側と受ける側に分かれて行うぶつかり稽古です。これは防御の稽古、ケガをしない受け身の稽古、足腰の鍛錬になる大切なもので、ぶつかるほうは受け手の右胸めがけてぶつかっていきます。同時に両手で突き放すように押す。受け手は押されるまま土俵際までズルズル下がり、そこで踏ん張り、ぶつかってきた力士の左肩を突き落とす。突き落とされたほうはゴロンと転がるというものです。これを何度も繰り返すんです。右胸にぶつかるのは、左胸だと心臓があるからでしょう。これらが終わったら、四股や股割り、すり足などをまた行って、蹲踞をして終わります。そのあと、稽古場を清めるんですが、これは幕下力士の仕事。土俵を掃いて、土俵の真ん中に御幣《ごへい》を立て、塩をまく。

これが日常の稽古の様子ですが、このほか、ほかの部屋に出《で》向いて行う出稽古《げいこ》、一門の部屋の力士が集まって行う連合稽古などがあります。関取がいない部屋や力士の数の少ない部屋では十分な稽古ができないので出稽古をします。関取でも苦手力士を研究するため、その力士の部屋に行ったりもしますね。

さて、稽古の時間は三〜四時間。それから風呂に入り、お昼のちゃんこ。食べる順番はお客さんや親方からで、あとはランクの上の力士から食べていく。新弟子などは一時過ぎになってしまう。それから昼寝。起きたら夕方まで自由時間で、夕食のちゃんこ。夜のちゃんこは昼より少し軽めですね。それからまた自由時間で就寝です。部屋でテレビを見たり、ゲームをしたりしてゴロゴロしている人もいますし、飲みに行く人もいる。

いずれにしても、部屋としての稽古は午前中の数時間だけ。自由時間にトレーニングをする力士もいますし、立派な体格を作る必要がありますから、食べて寝るのも仕事とも言えますが、とにかく自由時間はけっこう多い。私がいた伊勢ヶ濱部屋は、日曜日は稽古もなく、完全に休みでした。

ちゃんこ——ちゃんこ銭が足りなくなると……

日に二度食べるちゃんこ。ちゃんこ鍋に限らず力士が作る料理をすべてちゃんこと言います。焼きそばもラーメンもさしみもちゃんこ。でもちゃんこと言ったら、ちゃんこ鍋のイメージが強いでしょうね。これは明治時代、横綱の常陸山《ひたちやま》が活躍していた頃、安い材料で栄養もとれ、みんなで食べられるということで部屋の食事になったのが始まりらしいです。

ちゃんこ鍋は肉、野菜、魚などいろいろな食材が入っていて、昼と夕食だけの部屋の食事でも十分栄養がとれるようになっています。その味、特色は部屋によって違います。おかみさんの味もありますし、部屋代々の味もあります。また、ちゃんこ長によっても違います。

ちゃんこ長というのは、関取が多い部屋に置かれることがあり、幕下以下の力士が担当し、若い力士に買い出しから作り方まで指導しています。また、各部屋にはちゃんこ番がいます。稽古に支障がないように交代で行っています。部屋の若者頭が任されることもあります。

ちゃんこの係はちゃんこ銭を預かって、その範囲で賄うわけですが、これが足りなくなることがある。それで今日一日何を食わそうかと。そういうことが各部屋でけっこうあるんです。私がいた部屋では牛肉のバター焼きというのがあるんですが、ちゃんこ銭が少なくなると、これがハムのマーガリン焼きになる。それに大根おろしが付く。これはこれでうまいんですが。そういうものが人気料理になることもあるんです。朝日山部屋に行った時、驚いた

力士が作る料理はすべてちゃんこ

んですが、すき焼きで肉の代わりに竹輪を使っていました。これは聞いた話で、本当かどうかはわかりませんが、花籠《はなかご》部屋では、お湯だけ沸かしてあり、卵を一個だか二個だか配給し、それで勝手に食えということもあったそうです。

いずれにしても、ちゃんこ番がちゃんといて、部屋の味を受け継いでいくもんです。正直、ちゃんこがうまくない部屋もありました。

ところで、「ちゃんこの味がしみる」という言い方が相撲の世界にはあります。入門してから相撲の世界での経験を積み、精神的にも肉体的にも力士らしくなることをこう言っています。入門しても、ここまでこないでやめてしまう人もいます。厳しさもありますが、それよりも相撲の世界のしきたりのようなものについていけなくてやめていく人が多いようです。地方巡業などで自分の故郷の近くに行ったりして、そのままやめてしまうというケースもあります。

土俵入り――関取の顔見せです

土俵入りというのはお客さんの前で力士が勢ぞろいし、化粧廻しをつけて顔見せすることで、十枚目土俵入り、幕内土俵入り、横綱土俵入りがあります。

十枚目土俵入りは、幕下上位の取組を五番残したところで、幕内土俵入りは、十枚目取組と幕内取組の間の時間、いわゆる中入りに大関以下の幕内力士が、奇数日は東方の力士から、偶数日は西方の力士から行います。カチカチという呼出の柝の音を合図に、行司の先導のもと、下位の力士から順に土俵に上がり、土俵の外側を左回りに進み、客席に向かって立ちます。最後の力士、幕内の場合はだいたい大関ですが、これが土俵に上がると、「シー」と声をかけます。これを警蹕《けいひつ》と言います。その声によって全員が土俵の内側を向きます。お客さんに尻を向けることになります。それから一斉に同じ所作に入ります。まず拍手し、右手を上げ、化粧廻しを両手でつかんで少しだけチョイと持ち上げ、今度は両手を上げます。後で説明する塵浄水《ちりちょうず》、上段の構え、中段の構え、下段の構えである三段構え、四股を簡略化した所作なんです。これらの所作をサッサッサとやって、順に土俵を下りていきます。この間、行司は真ん中で蹲踞し、軍配の房を振ります。

幕内土俵入りが終わると横綱の土俵入り。横綱土俵入りは、集団ではなく、一人ひとり簡略化せずきちんと行います。相撲の型を演じ、平安と五穀豊穣を祈願する神事の意味があります。

呼出、行司、露払い、横綱、太刀持ちの順に花道を来て、それから行司の先導で露払い、横綱、太刀持ちの順に土俵下まで来る。そして、まず行司が土俵に上がり、続いて、露払い、横綱、太刀持ちが一緒に土俵に上がります。露払いは横綱の先を歩いて道を開く役の力士で、横綱と同じ部屋か一門の幕内力士が務め、太刀持ちは、右ひじを真横に突き出すようにして、太刀の下を持ちます。太刀持ちも横綱と同じ部屋か一門の幕内力士が務めますが、露払いより上位の力士が太刀持ちを務めます。

土俵に上がった三人は、勝負土俵の内側で横綱を間に左側に露払い、右側に太刀持ちが蹲踞します。そして、横綱が両腕を左右に広げます。これが塵浄水。清廉潔白であることを表しています。それから横綱だけが土俵中央に進み、正面を向いて拍手を打ってから四股を踏みます。この時、「よいしょ」などと観客席から声がかかりますね。それからがせり上がり。腰を落とした下段の構えから中段の構え、上段の構えと足を少しずつ内側に移しながら上体を起こしていきます。そしてさらに二度四股を踏んで、徳俵のあたりの二《に》

◉横綱の土俵入り

字口《じぐち》に戻り、塵浄水を行います。

土俵入りで横綱が四股を踏む時、後ろにいる行司は、それに合わせて軍配の房を垂らしてくるくるとまわします。あれはなんだと聞かれることがある。「あれはね。昔、横綱が四股を踏んだ時、おならをしたんだ。それで行司さんがああやった。臭い臭い、とね。それが走りだと思うよ」と説明する。まあ、冗談ですが、相撲に関する一つひとつの事柄はあんまり意味のないもの、意味のわからないものが多い。理屈じゃない。もっともらしい説明も後付けのものが多いですよ。昔からそうやっている、あるいはだれかがそうやったからそうやっている、でいいんじゃないですか。

土俵入りが終わったら、露払い、横綱、太刀持ちが土俵を出て、行司が最後になります。

横綱の土俵入りには雲龍《うんりゅう》型と不知火《しらぬい》型があります。雲龍型はせり上がりの時に左手の先を脇腹にあて、右手をやや斜め前に差し向けます。これは攻めと守りの両方を備えるものとされています。一方、不知火型はせり上がりの時に両手を左右に開く。これは積極的な攻めを示すと言われています。また、両者の違いは横綱の背に回った結び目にもあり、結び目の輪が一つなのが雲龍型、二つが不知火型です。

雲龍型は、第二十代横綱の梅ヶ谷《うめがたに》の土俵入りの型がもとになっていますが、

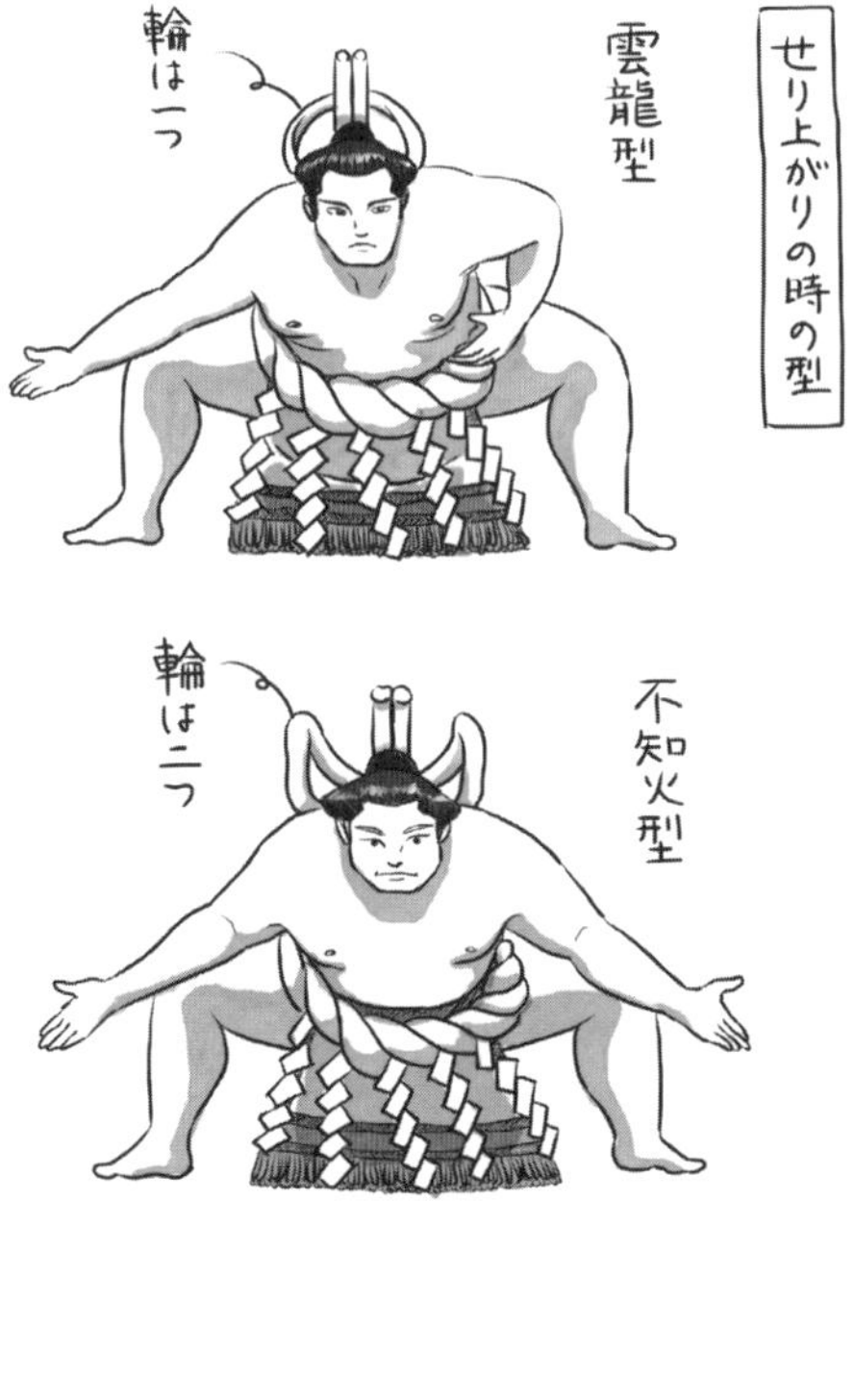

第十代横綱の雲龍の土俵入りが立派だったので、雲龍の名前が付けられています。不知火型も、第十一代横綱の不知火の土俵入りがすばらしかったから、こう言われていて、実際は第二十二代横綱太刀山《たちやま》の土俵入りがもとになっています。自分の名前が残らなかった梅ヶ谷や太刀山は、あの世でどう思っているでしょうかね。

取組――仕度部屋を出てから退場するまで

力士のいちばんの見せ所はなんといっても土俵上での戦い、つまり取組ですが、戦う前から終わって下がるまでの一連の動きには決まりがあります。力士は自分の取組の二番前に仕度部屋を出ます。そして、花道を通って土俵の直前で礼をして、土俵下の控えに入ります。東方の力士は東の花道を、西方の力士は西の花道を通ります。花道なんてしゃれた名前ですが、平安時代、相撲節《すまいのせち》という、天皇が宮中で相撲を叡覧《えいらん》した儀式で相撲人《すまいびと》が髪に造花を挿して登場したらしいんですが、ここからその名前が付いています。花道を歩いてくる様子は力士によって個性があり、ゆったりした足取りの力士もいれば、小走りにさっさとやってくる力士もいて、これを見るのもおもしろいかもしれません。

自分の控えに行く際、勝負審判や一番前の控えの力士の前を通る時は、下がりを束ね、片手を差し出します。「ちょっとごめんなさい」といった感じですね。

控えに座ったら、立ち合いをどうしようかなどと考える力士もいるでしょうが、本来は前の対戦をちゃんと見ていなければなりません。というのも、控えの力士は物言いをつける権利があり、ちゃんと見ていないとそれができませんから。

自分の番が来ると、呼出がしこ名を呼び上げます。そしたら、立って、土俵につくられている上がり段を使って土俵に上がります。上がったあたりの徳俵のあるところ（土俵の内側）を二字口と言いますが、ここで対戦相手と向かい合って礼をします。それから東方の力士は赤房下で、西方の力士は白房下で、土俵の外を向いて四股を踏み、蹲踞して水をつけてもらいます。前の取組で勝った力士が柄杓を渡す。東方が勝った場合、負けた西方の力士はもう帰っているので、西方の力士は柄杓を控えの力士に渡してもらいます。さらに、水をつけた力士が力紙という半紙を半分に切った化粧紙も渡し、受け取ったら、それで口や汗をぬぐいます。この間、行司が「かたや○○山」、「こなた○○川」としこ名を告げます。

次に、塩籠に盛られた塩をとって正面を向いてまきます。少しでもまけばいいのですが、たくさんまいて、場内を沸かせる力士もいますし、ちょこっとだけまく力士もいます。塩をまいたら、二字口の内側まで行くのですが、この間、パンパンと廻しをたたいて、手の塩を落としたり、塩をなめたりする力士もいます。

二字口で相手と向かい合ったら、蹲踞し、両手を一度下げ、手を合わせてもみ手をしてから拍手を一つ打つ。続いて、手のひらを上に向けて、両腕を左右に開き、手のひらを下に返し、もみ手から手のひらを返す。塵浄水です。この動作を行うことを塵浄水を切る、あるいは塵を切ると言います。

塵を切ったら、また塩をまき、向かい合って四股を踏み、蹲踞の姿勢。この時、相手の顔を鋭い目つきで見つめ合いますね。しばらくにらめっこすることもあります。そして仕切り。向かい合って仕切り線の前で両手を土俵について、立ち合いに備えて相手と呼吸を合わせていく。この際、仕切り線の先に手をついてはいけません。右四《よ》つが得意な力士は左手を先に、左四つが得意な力士は右手を、押し相撲の力士は左右同時に手をつくことが多いようです。四つというのは、両力士が差し合って体をくっつけるようにして組み合った形で、互いが右手を上手《うわて》、左手を下手《したて》にしている形を左四つ、その逆を右四つと言います。上手というのは、組んだ時、自

◉左四つの形

分の腕が相手の腕の上にある状態で、下手はその反対。けんか四つなどという言い方がありますが、これはこっちが右四つが得意で相手が左四つが得意である時などにこう言います。

制限時間にならないうちは、また塩をまいて仕切りを行い、これを繰り返します。この間、呼出は、懸賞旗があれば、掲げてぐるぐる土俵をまわりますし、力士の邪魔にならないように土俵をせっせと掃きならしています。

制限時間は正式には仕切り制限時間と言い、幕内四分、十枚目三分、幕下以下二分以内です。この時間は、呼出が二人目の力士を呼び終えた時から審判委員が計ります。

呼吸が合えば、制限時間内に立ち会っても構いません。また、制限時間が来たのに、うっかり塩を取りに行ったりして土俵を出たら、負けとなってしまいます。制限時間となって仕切りに入ったのに、呼吸が合わずに力士が待ったをかけることがあります。本来は呼吸をきちんと合わせて立ち合いに臨むのが理想なので、「待った」に対して以前は両力士に制裁金を課していました。今はそれはなくなりましたが、「待った」はよくないこととされています。また、行司や審判長が待ったをかけることもあります。立ち合いの時、両手を土俵にきちんとつかなかったり、仕切り線を出てついたりした時、立ち合い不成立として待ったをかけるんです。これを「行司待った」とも言います。

相撲の極意はこの立ち合いにあると私は思っています。立ち合いがいちばん難しい。ほとんどの勝敗がこの立ち合いで決まるような気がします。立ち合いにかける互いの駆け引きの妙味、一瞬、シーンとなる緊張感、あれがいい。相撲を体重別にしないのは、確率は少ないけれど、あの立ち合いで小さい力士でも勝てるチャンスがあるからでしょう。ですから、相撲を見る時は、この立ち合いに注目してほしいですね。

いよいよ戦いに入り、勝ち負けが決まります。そうしたら、土俵の外にひっくりかえっていても、きちんと立って、東方の力士なら土俵の東側に、西方の力士なら西側に戻って両者立礼して、負けた力士は土俵を下りてもう一度礼をして退場します。勝った力士は二字口で蹲踞し、行司の勝ち名乗りを受け、その際、右手を右下にたらします。懸賞があったら、右手で手刀を切って行司から受け取り、土俵を下ります。手刀を切るというのは、五本の指をまっすぐ伸ばして、左、右、中の順に手を振ることで、左が神産巣日神《かみむすびのかみ》、右が高御産巣日神《たかみむすびのかみ》、中が天御中主神《あまのみなかぬしのかみ》の五穀の守り神の三神に感謝することとされています。

勝った力士はそれから土俵を下り、次の取組がある場合は、その力士に水をつけてから退場し、仕度部屋に戻ります。

以上が取組の一連の流れです。

毎日決める取組

ところで、毎日変わる取組はどうやって決めているのでしょう。

取組編成会議というものがあり、審判部の部長、副部長、審判委員が決めています。また、行司も監事および書記として同席します。ただし、行司に発言権はなく、決まった取組を記入する役目を担います。

いつ決めるかと言うと、初日と二日目の取組は初日の二日前に、三日目以降は取組の前日に決めます。幕内の場合、編成会議は午前十一時から行うので、力士は翌日の対戦相手がその日のうちにわかり、いろいろ策を練るということもできるんです。また、千秋楽の取組は一四日目の十枚目取組終了後に決めています。初日と二日目の取組を決めるのは午前九時となっていますが、実際はもっと早く始まりますね。

基本的に番付で自分と同程度、あるいは前後の力士と対戦し、横綱と前頭のいちばん下の力士を取り組ませるということはありません。横綱や大関と戦うのは、関脇、小結、前頭の上位の力士です。ですから、横綱や大関は毎日、力のある力士と戦わなければなりません。しかし、番付下位の力士が白星を続け、勝ち越した場合や終盤戦に優勝争いに絡んできた場合には、横綱や大関と戦うように取組が編成されます。

決まり手——現在は八二手

相撲で勝負が決まった時の技を決まり手と言います。一九三五年には五六手、一九五五年に六八手、一九六〇年に七〇手になり、二〇〇〇年十一月場所から八二手になりました。力士の体格やスピードが変わって、それまでの決まり手にはあてはまらない技が出てきたからです。

決まり手には、基本技として突き出し、押し出し、寄り切りなど七手、投げ手として上手投げ、掬《すく》い投げ、首投げなど一三手、掛け手として内掛け、外掛け、河津掛《かわづが》け、蹴手繰《けたぐ》りなど一八手、反り手として居反《いぞ》り、撞木反《しゅもくぞ》りなど六手、ひねり手として突き落とし、とったり、内無双《うちむそう》、腕捻《うでひね》りなど一九手、特殊技として引き落とし、吊り出し、送り出し、うっちゃりなど一九手があります。

そのほか、非技というものもあります。技に非ずということで、決まり手によって勝負が決まるのではなく、自分の一方的な動きで負けてしまう場合で、戦っている最中に足が土俵に出てしまった勇み足などがよく見られます。ほかに、腰が砕けてしまう腰砕け、自分から地面に手をついてしまうつき手など五種類あります。

決まり手以外にも、その決まり手まで持っていくための技がいろいろあります。立ち合いの瞬間に相手の顔を平手でたたいて自分の有利な体勢にもっていく張り手、相手の喉を筈《はず》（親指と他の指をY字型に開いた手の形）にあてがって押して押し出しなどにもっていくのど輪などがよく使われています。珍しいものでは、立ち合いの瞬間に相手の目の前で両手をパチンとたたくねこだましなどがあります。相手がひるんだすきに足を取ったり、懐に飛び込んだりします。小柄な力士が大きい力士と戦うときなどに使う奇襲《きしゅう》攪乱《かくらん》戦法です。

また、うっちゃりという決まり手がありますが、これをするのには粘り腰でないといけない。二枚腰ともいいます。最近、この粘り腰を見せて勝つ相撲があまり見られません。土俵際で粘り粘って相手をうっちゃる。自分も倒れますから、ケガをすることがある。それが怖いのかもしれません。これは最後まで見ていないと勝負がわからないおもしろさがあるんですね。明武《みょうぶ》谷《だに》や若浪《わかなみ》が得意でした。また、明武谷は吊りが得意で起重機と言われていました。

弓取式――勝ち力士に代わって行う儀式です

本場所でこのようないろいろな技が繰り出され、すべての取組が終わると、力士が立行司から弓を渡され、土俵上で決められた所作を披露する弓取式を行います。

弓取式は勝ち力士に代わって行うもので、そのため土俵には手をつけません。弓を落としてしまったら足の甲で跳ね上げ、土俵の外に落ちたら、呼出が拾い、土俵に置き、それを足の甲で跳ね上げます。これが終わって呼出が打ち出しの柝を入れるんです。これを行う力士を弓取と言い、だいたい幕下

の力士で、横綱がいる部屋から選ばれます。巡業の時は一人に何かあった時のために、二人います。

弓取式の時には、副立呼出が土俵で蹲踞しています。私がやっていた時は、弓を持って土俵で蹲踞している呼出のところに行司が弓を取りにきて、それから弓取式をやる力士に弓を渡しました。ところが今は、呼出のほうが立って弓を持って行司のところに行き、渡しています。そして柝を入れる。それから蹲踞の姿勢で終わりまで待つ。そうすると、一回立つわけですから、蹲踞がその分短くなる。蹲踞がきついから、だれかが始めたんでしょうね。それはそれでいいんです。特に決まりがあるわけじゃないですから。

確かに、弓取の時はあそこで蹲踞している時間がけっこうあり、弓取の力士に「早くしこふめよ」と思ったりするもんなんです。

ところで、弓が出てくれれば、矢とか弦とかも出てこないとおかしいですよね。ちゃんと出てきます。本場所の千秋楽で、結びの一番を含め、最後の三番、これを役相撲と言いますが、この勝ち力士に与えられます。役相撲の最初の取組に勝った力士に矢が、次の相撲に勝った力士に弦が与えられます。だいたい最後の三番には懸賞金がつきますから、勝った力士は懸賞金とともに矢や弦を受け取っています。今度よく見ておいてください。結びに勝った力士には弓ですが、これは弓取が受け取り、弓取式を行うということです。

昔は弓取式も千秋楽だけでしたが、一九五二年の一月場所から毎日行うようになりました。

優勝と三賞、懸賞金――幕内優勝で一〇〇〇万円

力士になったからには横綱になることと優勝を目指します。優勝は序ノ口から幕内までそれぞれありますが、みんなが一度はしたいと思うのは本場所の幕内優勝。正式には幕内最高優勝と言います。これは大変なことですが、横綱になるのは自分では無理かなと思う力士でも、優勝はひょっとしたらと思うかもしれません。というのも、だいたい横綱か大関が優勝しているんですが、たまに、本当にたまにですが、前頭何枚目といった平幕の力士が優勝することがあるんです。前頭七枚目で優勝した旭天鵬《きょくてんほう》、前頭十四枚目で優勝した貴闘力《たかとうりき》などがその例です。関脇、小結などは場所の前半から格上の横綱、大関と戦いますから白星を並べるのは難しい。しかし、前頭の下のほうになると、前半は自分と同程度の力士と戦うことが多く、調子がよければ勝ち続けることができる。その勢いに乗って、終盤戦で横綱や大関を倒して優勝といったこともある。横綱の調子が悪く、黒星が二つ三つとなってくると

◉天皇賜盃、優勝旗、賞状

可能性が出てくるわけです。

幕内優勝すると、天皇賜盃、優勝旗、賞状などが授与され、賞金は一〇〇〇万円（十枚目優勝は二〇〇万円）。さらに優勝額が毎日新聞社から贈られる。国技館に優勝者の肖像が描かれたでかい額がずらりと並んでいますが、あれです。二〇一四年一月までは白黒写真に油絵具で着色したもので、優勝色彩写真額と言っていましたが、着色を担当していた佐藤寿々江さんが引退し、それからはカラー写真となり、優勝写真額と言うようになりました。畳五枚分ほどの大きさで、重さは八〇キロ。といっても、全部があそこに飾られているわけではありません。あの大きさのものが毎場所増えていくわけですから、飾りきれません。東西南北に八枚ずつ計三二枚が飾られ、古い順から優勝者本人に戻されます。さらに本人から後援会の人や出身学校などに贈られているようです。

優勝後、恒例となっているのが優勝パレード。本場所の会場からオープンカーに乗って自分の部屋まで行進する行事で、優勝旗を持つのは同部屋か一門の力士。地方場所も会場から出発します。九州場所では福岡国際センターの前の直線道路を五〇〇メートルほど行って終わりです。

千秋楽では表彰式の後にまだ行事が続きます。出世力士手打式と神送りの儀式です。新序出世披露を受けた力士が審判委員たちと土俵に上がり、力士たちには御神酒がふるまわれます。呼出が盃を力士に渡し、御神酒を注ぎ、力士が飲んだ後、呼出が柝を打ち、それに合わせて三本締めを行う。これが出世力士手打式。御神酒を注ぐ時、私は笑顔を心がけました。力士たちはみんな緊張しているので、少し和らげるためです。続いて、その力士たちが行司を胴上げ。これが神送りの儀式で、神を天に帰すという意味があります。最後に呼出の柝でおしまいです。

幕内では優勝以外にも関脇以下の力士を対象とした三つの賞があります。

殊勲賞、敢闘賞、技能賞の三賞で、勝ち越すことが前提です。殊勲賞は横綱、大関を倒すか、優勝に関わるほどの成績を収めるかしないともらえません。一人の力士が複数もらうこともありますし、一つの賞に複数の力士が選ばれることもあります。該当者なしということもあります。賞金は各二〇〇万円。幕内力士の励みになる賞ですね。

このほか、幕内力士に限り、懸賞金を得ることができます。懸賞は民間企業や力士の後援団体などが協会を通してかけるもので、一場所に十五回以上かけることが条件。すべての取組にかかるわけではなく、上位の取組や人気力士にかかります。懸賞金はその賞金のことです。金額は十五回で九三万円。一回六万二〇〇〇円で、そのうち五三〇〇円が掲載料・場内放送料として協会が取り、勝ち力士には五万六七〇〇円が渡されます。一つの取組に懸賞が十本かかったら、勝つと五六万七〇〇〇円もの賞金がもらえるわけで、頑張り甲斐があります。懸賞がかかっていても不戦勝の場合はもらえません。ただし、懸賞の袋には三万円しか入っていません。残りは協会が預かり、年度末に税金を払って、残りをその力士のために積み立てておき、引退の時に渡すという仕組みです。でないと、使っちゃいますからね。

巡業・花相撲

相撲には年六回の本場所のほかに地方巡業があり、日本相撲協会の巡業部が仕切っています。目的は相撲道の普及、地域の活性化、青少年の育成です。巡業の主催者を勧進元《かんじんもと》と言い、地方自治体や商工会議所、ライオンズクラブ、ロータリークラブなどがなり、周年事業などのイベントの一つとして、体育館などで行うことが多いですね。春巡業は関東、東海、近畿で、夏巡業は東北、北海道、信越、秋巡業は東海、北陸、関西、中国、四国、冬巡業は九州、沖縄で行います。

巡業の際は、前日までに巡業地に入ります。一行は親方、力士、行司、呼出、床山など約二七〇人。当日は午前八時頃に開場。開場に合わせて呼出が太鼓を打ちます。それから幕下以下の力士が稽古を披露。同時に人気力士の握手会。握手だけでなく、サインをしたりお客さんと記念写真を撮ったりもします。幕下以下の力士の稽古が終わると、十枚目と幕内の稽古になります。それから子どもとの稽古、相撲講座を行い、十一時頃から幕下以下の力士の取組が始まり、合間に初切、櫓太鼓打分《うちわけ》などの催し物を楽しんでもらいます。髪結いの実演を行うこともあります。初切というのは、二人の力士が相撲の禁じ手や珍しい決まり手を披露するもので、けっこうおもしろい。笑わせてくれます。

相撲甚句も披露します。相撲甚句と言えば、私も頼まれて作ることもありました。相撲甚句というのは、七、七、七、五の四句の歌で、「どすこい、どすこい」というかけ声が入ります。力士が余興で歌ったものが江戸末期から明治にかけてはやり、それが定着したものです。私の場合、贔屓にしてくれている九州の経営者に、京セラの稲盛さんの甚句を作ってくれないかと頼まれて作りました。稲盛さんが主宰する会の忘年会で本人を前に披露しました。白鵬関に頼まれて、森元総理のものを作ったこともありました。その人の生い立ちや人生などを盛り込んで作るんです。

巡業の話に戻りますが、幕下以下の取組が終わったら十枚目の土俵入りと取組があって、休憩。それから化粧廻しをつけた幕内力士の土俵入りと横綱土俵入りがあって、午後二時近くなってようやく幕内力士の取組。結びの一番が終わると、本場所と同様に弓取式があって終了です。

巡業に出ると個人宅に泊めてもらうこともあります。送り迎えもしてくれ、楽ですが、ただ、歓迎されて酒の付き合いをいつまでもしなければならないこともあります。人気力士だと、親戚や隣近所の人が集まってきて大変ですよ。

巡業もそのうちの一つですが、日本相撲協会では引退相撲、追善相撲、福祉・慈善目的の寄付相撲、トーナメント方式の相撲大会などを随時催していて、これらを総称して花相撲と呼んでいます。要するに勝っても負けても番付に影響せず、給金にも関わりのない相撲興行のことです。花相撲では巡業と同様に初切や横綱の綱締めの実演などのほか、相撲とは関係ないですが、力士と人気歌手ののど自慢などが行われます。

引退相撲というのは、力士が引退する時、関係者に披露する相撲のことで、主催者は引退力士とその力士の部屋の後援会。ふつう十枚目以上になると力士会の会員となりますが、会員になって三〇場所以上つとめれば、国技館で行うことができます。引退相撲をやるかやらないかは本人次第です。力士会の会員はこれに無料で出場するなど協力。引退力士が後で述べる年寄名跡《としよりみょうせき》を襲名継承する場合、その襲名披露も兼ねます。また、断髪式も同時に行っています。これらは入場料を払えばだれでも見られます。

断髪式というのは、引退した力士が髷を切る儀式。十枚目を一場所以上つとめた力士は国技館の土俵で行うことができます。引退力士は紋付袴で土俵中央の椅子に座り、後援者や肉親、力士などが次々と髷にはさみを入れ、最後に大銀杏の、元結で縛って頭の上にのせた大たぶさというところを師匠が切り離します。

国技館でなく、自分の所属している部屋や別の会場で断髪式を行う力士もいます。

思い出の力士――北天佑は風格があった

子どもの頃は栃錦が好きでしたね。第四十四代横綱です。いろんな技を持っていて、体があまり大きくなかったのに強かった。十回優勝しています。この世界に入ってからでは、力士との個人的な交流は少ないですが、好きだった力士はいます。大関になった北天佑《ほくてんゆう》という力士です。風格があった。花道から入る時から塩のまき方、土俵を下りて去っていくまで、所作の一つひとつが自然体というか、気取るでもなく、緊張するでもなく、実に趣があった。また、上手投げの切れ味がすばらしかったですね。これが上手投げの手本といったものでした。小錦《こにしき》に強く、勝ち越しています。体が大きい小錦でもだれでも真正面から取って、相手がだれであろうとおれは変わらないぞというところがよかった。自分の相撲を取る。小錦とがっぷり四つになって勝てるんです。もっとも、小錦は四つになると弱かったですが。糖尿病を患い、その小錦戦で膝をケガするなどして、横綱にはなれませんでした。彼には横綱になってほしかった。引退後、二十山《はたちやま》部屋を興したんですが、四〇代で病気で亡くなってしまいました。

白鵬関とは付き合いがあります。私が引退する前ですが、私を贔屓にしてくれていた九州の人に紹介し、その人が所有する桜の山に桜の苗を一緒に植えに行ったりもしています。白鵬関は人間的にもすばらしく、また、優勝した際のインタビューも、その時々に違う話をする。そういうところもすばらしい。一緒に酒も飲みました。いい思い出です。

親方になるには――年寄名跡は現在一〇五

行司や床山、呼出には定年があり、特に問題がなければ、六十五歳まで働けます。しかし、力士はそうはいきません。現役を引退してからの進路はいろいろでしょう。いちばん理想的な形が親方になることですが、だれでもなれるわけではないんです。この親方という言い方は通称で、正式には年寄。

年寄になるには条件がある。年寄名跡を継承しなければなりません。これを年寄株とか親方株とか言っていますが、それらは俗称で、日本相撲協会の正式用語ではありません。伊勢ヶ濱親方とか九重親方とか言いますが、「伊勢ヶ濱」、「九重」が年寄名跡です。年寄名跡は現在一〇五。これがいっぱいだと、年寄にはなれません。

年寄名跡を継承するには、日本国籍を持っていることが前提。外国人力士が年寄になるには日本国籍を取得しなければなりません。また、幕内で通算二〇場所以上か、幕内と十枚目で通算三〇場所以上、あるいは三役を一場所つとめた者か、横綱・大関経験者に限られます。横綱と大関の場合は年寄名跡を継承しなくても、しこ名のまま、横綱では五年間、大関では三年間、年寄として認められます。

このほか、一代年寄というものがあります。もともと、横綱は引退後、年寄名跡がなくても現役名のまま一代限り年寄として優遇するという「横綱年寄一代制」というのがあり、これが廃止され、五年間年寄として認められるようになりましたが、多大な功績を遺した横綱に限って、日本相撲協会が特例として一代年寄を贈るようになっています。大鵬、北《きた》の湖《うみ》、貴乃花はそれで一代年寄になっています。千代の富士にも提案されましたが、辞退し、年寄名跡を継いで九重親方になりましたね。

このような年寄になれない力士、つまり親方になれない力士は、若者頭や世話人になって相撲の世界に残るか、ちゃんこ屋を経営したり、ほかの仕事に就いたりすることになります。当然ですが、人数としてはこっちのほうが圧倒的に多い。呼出は私のように定年まで安泰ですが、力士はそうはいかない。厳しい世界です。

部屋持ち親方と部屋付親方

年寄、つまり親方というとみんな自分の相撲部屋を持っていると思っている人もいるでしょうが、そうではありません。相撲部屋は現在四三。増減はありますが、親方の数の約半分です。

相撲部屋というのは、日本相撲協会から力士の養成を委託されたところで、運営が親方、年寄ということです。部屋の親方を師匠とも言いますね。これを部屋持ちの親方、年寄と言い、そうでない親方は部屋付の親方、年寄です。力士や行司、呼出、床山などは日本相撲協会の一員なのですが、ふだんはどこかの相撲部屋に所属しなければなりません。部屋付親方もそうです。だいたい自分の出身部屋に所属し、後進の指導にあたりますが、頼まれて別の部屋に所属する場合もあります。

私が入った伊勢ヶ濱部屋には楯山《たてやま》という親方がいました。もと関脇幡瀬川《はたせがわ》。小柄で技に優れ、相撲の神様と言われた人です。伊勢ヶ濱親方の義理の父、つまり、照國夫人の父で、この人が来ると、部屋はきりっとしましたね。伊勢ヶ濱親方がおとなしいもんだから、この人があえて厳しくしたのかもしれません。弁も立って、相撲協会を代表して国会で答弁したこともありました。

部屋の経営は力士が五人くらいいればなんとかなるでしょう。ただし、親方自身に、あるいは部屋の力士に後援会組織のバックアップがどれだけあるかにもよります。幕内、三役クラスの力士が出れば、応援する人も多くなり、部屋の経営は楽になります。横綱、大関クラスとなると、もっといいですね。部屋の建物がビルになったりします。ですから、親方は力士の育て甲斐があるわけです。

部屋を引き継ぐというケースも多くあり、私の最初の親方である伊勢ヶ濱を引き継いだのが清國ですが、自分で新しい建物をつくり、弟子たちはそちらに移りました。先代がいた建物に住む人は少ない。部屋の建物はもともとその親方の個人財産ですから、当然、家賃等を支払わなくてはならない。なら、自己資金で新たに建てようというのです。

地方場所の場合は、自分で物件を持っている部屋は少ないので、稽古場をつくれるようなところを借りることになります。独自に探したり、後援会の人に紹介してもらったり、いろいろ。旅館を借りることもありますし、空地を借りてプレハブを建てるといった場合もあります。

部屋がなくなることもあります。私の場合、そうでした。力士だけでなく、行司も呼出も床山も部屋に所属しなければなりませんから、別の部屋に移ることになります。そんな時、お前はいらないよと言われたら困っちゃいますから、自分自身しっかりしていなければなりません。

おかみさん——お母さんのような存在

力士たちは、自分が所属する部屋の親方夫人をおかみさんと呼んでいます。部屋持ち親方だけでなく、部屋付親方の夫人に対してもおかみさんと呼びます。

部屋持ち親方のおかみさんは、力士たちのお母さんみたいな存在で、新弟子の身の回りの世話をするほか、部屋のお金の管理、後援会などへの対応、稽古の見学者の対応、千秋楽パーティーの段取り、他の相撲部屋との付き合いなどいろんな仕事をしています。どこまでやるかはおかみさんによって違いますね。マメな人、几帳面な人、人付き合いがいい人が向いているでしょう。私が私がと前面に出てくるおかみさんはよくないかな。また、独り者の親方の部屋では当然おかみさんはいません。そういう部屋も実際あります。

新弟子などはよくおかみさんに借金します。最初は小遣い程度しかお金をもらえませんから、足りなくなる。それでおかみさんに頼むんです。これを

相撲の世界で「端紙を入れる」と言う。返す時にその紙を破ります。私は、返す時に紙を破るから「破紙」と言うんだよと聞きました。

　私が伊勢ヶ濱部屋に入った頃、おかみさんは五十いくつだったかと思います。母親くらいの年でした。いいおかみさんで、私はけっこう言いたいことを言っていましたね。そういえば、入ったばかりの頃、親方が三〇円を私に渡して、この番号のところに電話してこいと。私はそのままおかみさんに言ってしまった。そしたらおかみさん、「わかったわ。いいの」と。どうやら親方のコレがいて、おかみさんが今日出かけるからということだったらしいんです。親方も説明してくれればよかったんですが、まあ、入ったばかりの新弟子に言う必要はないと思ったんでしょう。そこからもめごとが、ということはありませんでした。おかみさん、ちゃんとわかっているんですね。このおかみさんの育ての親が楯山親方で、おかみさんは捨て子だったようです。自分で言っていました。だから苦労していて、その分、温かかった。

マネージャー

部屋によってはマネージャーがいます。幕下以下で引退した力士が多く、経験は豊かで部屋のことは何でも知っているような人がなっています。ただし、日本相撲協会に所属しているのではなく、部屋で雇用されていて、親方が給料を支払っています。部屋の後援会の窓口、部屋の雑務など幅広い仕事をし、部屋の運営を担っています。

後援会――年一万円くらいから

部屋には後援会という組織があります。部屋をバックアップする組織で、個人だけでなく法人で会員になっているケースも多くあります。会費などは部屋によっていろいろ。特典もいろいろです。会費にもよりますが、溜席《たまり》や桝《ます》席などへの招待がある部屋もありますし、稽古後のちゃんこ会食に招待する部屋もあります。相撲カレンダーや番付表の配布などはどこの部屋でもだいたい行っているようですね。そのほか、部屋の催しへの招待もあり、力士と接する機会は確実に増えます。女性や若い人を対象とした後援会組織を作っている部屋もあります。年会費一万円くらいから会員になれますから、それほどハードルが高いものではありません。

このほか、力士個人の後援会があり、こちらは力士の出身地や出身学校が中心となっている場合があります。

後援会の最初は、一九〇四年、明治三七年ですが、この時、第十九代横綱に昇進した常陸山と彼が所属する出羽海部屋を後援するために作られた「常陸山会」とされています。

もちろん、こういう後援会も大事ですが、国技館などの二階席で見てくれるようなお客さんも大事。相撲人気があれば埋まるし、人気がなくなると、席が空いてしまいますから、こういう人たちにいつも多く来てもらうことが大事なんです。ある意味、いちばんのお客さんではないでしょうか。

一門とは——一門数は六

相撲の話で、出羽一門というように一門という言葉が出てきます。これは本家を中心とした分家の集まりのようなもので、ある師匠から弟子が独立して部屋を興す。そのような弟子がいくつもできて、縁続きとなった集まりを言うんです。

今の一門の数は出羽一門のほか、時津風《ときつかぜ》、高砂、二所ノ関、伊勢ヶ濱、貴乃花の五つあり、計六つ。すべての部屋がどれかの一門に属しています。私は、最後は朝日山部屋にお世話になっていましたが、二〇一五年一月場所後に閉鎖。これは伊勢ヶ濱一門でした。

昭和の初期には一門系統別部屋総当たり制というものがあり、同じ一門の直系の部屋の力士同士は本場所では対戦しないという決まりでした。同じ一門に横綱や大関がいたら、対戦しなくてもいいわけですから、すごく有利ですね。これが一九六五年一月場所から部屋別総当たり制に変わりました。こちらは同じ部屋の力士同士は本場所では対戦しないというもので、だいぶ公平になりました。ただし、優勝決定戦の場合は、どちらかに決めないといけませんから、対戦することになっています。

また、兄弟や親戚同士で力士ということがあり、そんな場合、それぞれ別の部屋に所属していても、取組は組まれません。確か四親等以内はだめだったんじゃないでしょうか。かつて長谷川《はせがわ》が幕下上位で十両昇進のかかる対戦相手が叔父の四季《しき》の花《はな》となってしまい、対戦が回避されたということがあったりして、兄弟、親戚との取組は組まないという不文律がありましたが、二〇〇九年に明文化されました。ただし、優勝決定戦はこの限りではありません。若乃花と貴乃花の兄弟決戦もありましたね。

第三章

相撲を楽しむ

相撲の始祖は野見宿禰とされています

相撲の歴史は国技と言われるくらいですから古いんです。起源まで辿ると、奈良時代にできた『古事記』の建御名方神《たけみなかたのかみ》と建御雷神《たけみかづちのかみ》の出雲の国をかけた力比べや『日本書紀』にある野見宿禰《のみのすくね》と當麻蹶速《たいまのけはや》の天覧勝負の伝説とされています（「相撲」という字が使われたのは、『日本書紀』の雄略天皇のところで采女に相撲を取らせたとあるのが最初と言われています）。

それによると、當麻蹶速という力持ちが、おれより強いものはいないと自慢していて、それを聞いた垂仁《すいにん》天皇が、彼に匹敵する力持ちはどこかにいないかと仰り、それで一人の臣が「出雲国に野見宿禰という勇士がいます。取り組ませたらいか

◉天覧勝負の伝説

がでしょうか」と進言し、そこで「二人に相撲を取らせた」とあります。野見宿禰のほうが強くて、當麻蹶速の肋骨を折って、さらに腰を踏み折って殺してしまったというのです。今の相撲とは違い、打撃技もあって格闘技みたいなものかと思いますね。

そんなわけで、この人が相撲の始祖とされています。相撲神社というのが奈良県桜井市の大兵主神社内にあり、ここが、二人が相撲を取ったところとされています。

また、野見宿禰を祀った野見宿禰神社が三カ所にあります。まずは兵庫県龍野市が一つ。ここは野見宿禰が出雲に帰る途中で亡くなった場所とされているところです。

もう一つは、東京都墨田区にあります。創建は一八八四年。明治の頃ですね。この地に部屋があった初代高砂浦五郎の尽力でできたものです。元津軽家の屋敷だったところで、東京の本場所は年三回ありますが、この取組編成会議の日には、日本相撲協会の理事長、審判部長などが出席し、ここで「宿禰神社例祭」を行っています。新横綱が誕生した時はここで土俵入りをします。境内には「歴代横綱之碑」が二つ並んでいます。一つには初代の横綱とされている明石《あかし》志賀《しが》之助《のすけ》から第四十六代の朝潮太郎までの名が刻まれていて、これがいっぱいになったので、もう一つに第四十七代の柏戸剛からの名前が刻まれています。

そして、二〇一三年には、野見宿禰神社が出雲大社内に創建されています。それまでは別の神と一緒に祀られていたのですが、単独の神社がつくられたのです。

ここで明石志賀之助の名前が出てきましたので、ちょっと触れておきましょう。

●墨田区の野見宿禰神社

◉歴代横綱之碑（上・下とも）

本当にいた人かどうか、初代横綱なのか、今ひとつわからないのです。寛永元年（一六二四年）の四谷塩町勧進相撲番付に宇都宮出身、大関となっているのですが、この番付が偽物という話もあり、研究者でない私にはなんとも言えません。一九〇〇年、つまり明治三三年に、第十二代横綱の陣幕久五郎《じんまくきゅうごろう》が歴代の横綱を列挙した時に、初代横綱を明石志賀之助としたので、そう言われています。江戸時代の文献には名前は出てきます。例えば、山東京伝《さんとうきょうでん》という戯作者が『近世奇跡考』という本を書いていまして、そこには、京都に召されて大力《だいりき》の仁王太夫《におうだゆう》（この人が東の大関で、志賀之助が西の大関となっています）と相撲を取り、仁王太夫を負かして「日の下相撲開山」と名乗ることを許されたとあります。「日下開山」という言葉があり、「日下」というのは「天下」、「開山」は「最初の人」という意味で、天下無双の強さを誇る力士のことで、こんな逸話から、志賀之助が初代横綱と言われるようになったのでしょうね。

また、今の相撲の原型となったものに相撲節《すまいのせち》があります。相撲節会《すまいのせちえ》とも言います。五穀豊穣を願う意味づけもされた、奈良時代から平安時代まで宮中で行われていた儀式で、全国から強い力士が集められて天皇の前で相撲を取りました。土俵はなく、地面の上での勝負。地面に手やひじを着かせたほうが勝ち。殴ったり、蹴ったりしてはダメでした。禁じ手が作られたわけで、こういったものが少しずつ整備、進化して今の相撲になったんでしょう。記録では天平六年（七三四年）に聖武天皇が観覧したのが最初の相撲節で、源氏と平氏の武家が台頭して世の中が乱れた高倉天皇の時代の承安四年

（一一七四年）に廃絶となりました。

相撲自体は武家政権となった鎌倉時代に入っても続きます。陣中の余興などで催され、源頼朝や織田信長も上覧相撲を催しています。ちなみに曽我兄弟の仇討ちで知られる『曽我物語』には、一一七六年に伊豆天城山で河津三郎と俣野五郎が相撲を取ったという話があり、勝った河津の決まり手が、今の相撲の河津掛けの由来とも言われますが、確証はないようですね。河津掛けというのは、相手の内股に足をかけ、かけた足と同じ側の腕で相手の首を抱えて、相手と一緒に後ろに倒れるというもので、一緒に倒れても相手のほうが必ず先に地面に着く。捨て身の技です。実際にはあまり見られませんが、貴ノ浪《たかのなみ》がこの技で格上の曙や貴乃花を破っています。

貴ノ浪は、先日若くして亡くなりましたが、やさしい人でしたね。彼が十枚目に上がった頃だったかな、同部屋の若乃花と貴乃花が彼を追い抜き、先に幕内に上がっていて、巡業の稽古中に私が彼に「悔しくないのかよ。先に上がられて」と言ったことがありましたが、「ハイ、頑張ります」なんて言っていて、大関にまでなりました。

江戸から今日まで——明治維新で危機に陥ったことも

さて、江戸時代になると、将軍では徳川家斉などが上覧相撲を催していましたが、そのほか幕府の許可をもらって勧進相撲が行われました。といっても、すぐにそういう許可制になったわけではありません。江戸の初期には辻相撲などがあり、浪人、無頼の徒なども加わって喧嘩騒ぎになったりしたようです。また、勧進相撲というのは神社や寺院の建立や寄付の目的で行われたものなのですが、営利目的の勧進相撲も増え、幕府は辻相撲も勧進相撲も禁止しました。大名が力士を抱えたりしていたのですが、下帯が絹だったのを木綿にするように命じたり、しこ名をつけることを禁止したりと、いろいろ制限した。それでも、江戸の庶民の楽しみだったのでしょうね。禁止されていても、深川八幡などで勧進相撲が行われました。そして、一六八四年、雷《いかずち》権太夫が勧進元となって寺社奉行に願い出て許可され、富岡八幡宮で実施。それから許可制の勧進相撲が行われるようになったんです。以来、相撲は庶民の娯楽として確立され、人気力士の錦絵なども売られるようになりました。

江戸時代で名の知れた力士と言えば、第四代横綱の谷風梶之助《たにかぜかじのすけ》と第五代横綱の小野川喜三郎《おのがわきさぶろう》でしょうか。谷風は陸奥国出身で、安永から寛政にかけて相撲の人気を高めた力士です。六三連勝したのですが、ここで連勝を止めたのが近江国出身の小野川で、以来二人の対戦は人気の取組となりました。その後に登場したのが、怪力で知られた、信濃国出身の雷電為右衛門《らいでんためえもん》。幕内通算で二五四勝し、負けはわずかに一〇という強さでしたが、なぜか横綱にはなっていません。ただ、実力は文句なしに横綱だったようで、富岡八幡宮（東京都江東区）の横綱力士碑には「無類力士　雷電為右衛門」と刻まれています。

明治になって、一時、相撲界は厳しい状況に置かれました。というのも、力士はだいたい大名に召し抱えられていたのに、その大名家がなくなってしまったんです。雇い主がいなくなってしまった。それだけではありません。西洋文明が入ってきて、裸に廻しをつけ、ちょんまげで行う相撲は野蛮なものとされ、相撲廃止論まで起こったのです。そんな中、力士たちは貧乏しつつ辛抱し、相撲界も存続の努力をしてきました。例えば、それまでは女性は千秋楽しか見られなかったのを、一八七二年、明治五年に初日以外はすべて見られるようにし、さらに一八七七年にはいつでも見られるようにしました。

そして、相撲人気の復活の契機となったのが、明治天皇の天覧相撲でした。一八八一年、明治一四年が最初でしたが、特に一八八四年に芝の浜離宮で行われた第四回の天覧相撲は、第十五代横綱の梅ヶ谷と西前頭三枚目の大達《おおだて》の、水入り二回、結果引き分けとなる名勝負が話題になりました。梅ヶ谷はこの天覧相撲の時に横綱になったんですが、貧乏で土俵入りの時につける化粧廻しが作れず、一度は辞退。伊藤博文の力添えで作ったという話です。

相撲の人気をより安定化したのは、一九〇九年（明治四二年）の国技館の完成です。両国につくられました。それまでは小屋がけによる興行だったので、多くて二〇〇〇人くらいしか観戦できませんでしたが、これで一万三〇〇〇人も入れるようになったんです。この国技館という名前は当時の尾車《おぐるま》親方が提案したものらしいです。「尚武館」、「相撲館」などいろいろ案があったようです。このネーミングがよかった。以来、「相撲は国技」という認識が定着していった。ちなみに、この国技館は大正時代に焼け、再建したら今度は関東大震災。二度再建した国技館も太平洋戦争の空襲で焼けてしまい、蔵前に移り、両国に戻ったのは一九八五年のことでした。

また、相撲の興行は江戸時代から会所《かいしょ》という組織が運営していたんですが、明治になって東京大角觝協会となり、大正には財団法人大日本相撲協会となり、現在は公益財団法人日本相撲協会となっています。

この間の名力士といったら、明治時代に活躍した常陸山と、一九三八年（昭和一三年）に第三十五代横綱となった双葉山《ふたばやま》でしょうかね。

第十九代横綱常陸山は、相手に十分相撲を取らせたあと、相手の差《さ》し手《で》を両腕できめる泉川《いずみがわ》という技で相手の動きを封じ、そのまま土俵の外に出すため出しという技が得意で、貫禄のある相撲を取った人です。相撲の改革、向上にも尽力し、人格的にも優れていたため、「角聖」とか「御大」とか言われています。

双葉山は立ち合いで決して待ったをしないで受けて立つ堂々たる横綱で、十五場所の間に十二回優勝し、五場所連続全勝優勝、全勝優勝計八回という強さでした。連勝記録は六九。この記録はまだ破られていません。

日本相撲協会

本場所や巡業などの相撲を運営しているのは公益財団法人日本相撲協会です。関取や行司、呼出、床山など相撲に関係している人たちに給料を払っているのもここで、国技と言われる相撲の伝統を守っています。

力士を引退し年寄名跡を襲名継承した人が運営していて、組織としては相撲教習所、指導普及部、生活指導部、事業部、審判部、地方場所部、巡業部、広報部などがあり、ほかに相撲博物館も運営しています。これは両国国技館内にあり、日本相撲協会が一九五四年に蔵前国技館の開館と同時につくったものです。一九八五年に両国国技館に移りました。相撲の資料が展示されているんですが、いつも同じ展示内容というのではなく二カ月くらいで内容が変わります。ですから、何回行っても飽きません。ふだんは無料ですから、気軽に行ってください。土日、祝日、年末年始は休館。また、東京の本場所中は、利用できるのは国技館入場者に限られます。

ほかに協会外の諮問機関として、一九五〇年に設置された横綱審議委員会があります。これは協会外の委員で構成されていて、横綱の推薦や引退の勧告を行う組織です。

ある力士を横綱にするかしないかは、番付編成会議で推挙されて、日本相撲協会の理事会で満場一致の賛成があって決まるんですが、この間に理事長は横綱審議委員会にも諮問。委員会の三分の二以上の賛成がないといけないことになっています。この委員会で賛成されないで横綱昇格を見送られたケースもありますね。

また、よくテレビのニュースなどで「稽古総見があった」などと紹介されることがありますが、これは正式には横綱審議委員会稽古総見と言って、一月、五月、九月の東京の本場所前に日本相撲協会が主催して行われる、力士の場所前の仕上がりの具合を検分するもので、横綱、幕内上位の力士が参加します。

横綱審議委員の仕事はこの二つですが、報酬なしで務めています。

このほか、日本相撲協会の組織ではないですが、維持員というものもあります。土俵の下には審判員や控え力士が座っている土俵溜まりがあり、その次に溜席があります。通称「砂かぶり」。この席の一部を締めているのが維持員席で、維持員だけがここに座れます。日本相撲協会の事業をバックアップする個人あるいは団体のことで、寄付という形で維持費を納めます。後援会は各部屋を後援するもので、維持員とは異なります。

維持員は本場所が開かれる地区、東京、大阪、名古屋、福岡の各地区に所属し、自分の地区の本場所の取組に立ち会います。維持員席に座って観戦するということです。溜席では飲食やたばこはだめですから、そういう相撲の楽しみ方はできません。そのほか三賞の選考委員として選考に参加することも活動の一つです。もっとも、維持員全員が選考委員というわけではなく、各地区で選ばれた人が委員となっています。

維持員は六年で更新し、維持費は東京の場合、年三回本場所があるのでその分高く、四一四万円以上、その他の地区は一三八万円以上です。

相撲部屋の見学――稽古が見られます

相撲を見る楽しみは、本場所や巡業の取組だけではありません。稽古の様子を見るのも楽しいものです。場所中は別ですが、ふだんは力士たちは自分の部屋で日々稽古に励んでいます。好きな力士の迫力ある稽古の様子を見て

◉相撲部屋の稽古見学

みるのもいいでしょう。

部屋の稽古の見学ができるかどうかは、部屋によっていろいろです。広い窓を作って外から自由に見学していい部屋もありますし、予約しておけば中で座って見られる部屋もあります。基本的にはＯＫでも後援会を優先する部屋もありますし、後援会だけ見学できるという部屋もあります。中で見学する場合は、基本的に携帯電話やスマホは電源を切るか、マナーモードに。写真が撮れる部屋もありますが、フラッシュは厳禁です。私語もいけません。

今は、部屋によってはホームページで稽古見学の有無について知らせているところもあります。それを見てもいいですし、直接部屋に電話して聞いてみるのもいいでしょう。もちろん、見学はタダですが、何か手土産を持っていく人もいます。部屋によっては「石鹸がありがたい」とホームページに書いてあったりします。これだと、何にしようかと悩まなくてもいいですね。ちゃんこの試食ができたり、お金を払ってちゃんこが食べられたりする部屋もあります。

国技館で観戦する

テレビで相撲を観戦するのも楽しいですが、両国国技館まで足を運んで観戦すると、テレビでは味わえないこともあります。その一つが、力士同士が取組でぶつかり合うときのゴツンという音。あの迫力ある音はテレビでは伝わりません。

また、テレビではテレビで映したところしか見られません。主役は力士ですから、ほとんど力士を映していますが、呼出もいろんなところで働いています。そんな様子も取組の合間に見て、楽しんでほしいですね。

チケットは、国技館の場合、溜席、マス席A・B・C、イス席A・B・Cほか自由席もあります。自由席以外は予約販売をしていますので、早めに予約しないと取れないこともあります。自由席は当日に窓口で販売しています。溜席では飲食、写真撮影などはできません。ひたすら取組を見るということですね。ほかの席ではアルコールと焼き鳥などを楽しみながら観戦することができます。

　チケットは相撲案内所のホームページで買うこともできます。ただし、ここで買えるのは枡席のみです。そのかわり、ここでチケットを買うと、ふつうの入り口ではなく相撲案内所入口から入れ、「出方《でかた》さん」という裁着袴の人が席まで案内してくれ、飲み物や食べ物の注文にも応じてくれます。相撲案内所というのは、以前は相撲茶屋、茶屋と呼ばれていて、みなさんもそちらのほうが馴染みがあるでしょう。江戸時代から相撲を見る人を案内したり、入場券や飲食物、土産物を販売したりしていましたが、一九五七年に相撲案内所に変わりました。数は二〇軒あり、以前

は高砂屋など屋号で呼んでいましたが、今は一番から二〇番まで番号で呼んでいます。これらを運営しているのが国技館サービス株式会社です。

さて、人気力士が登場する中入り後の取組は夕方ですが、相撲は朝からやっています。時間があったら、はじめから見ているといろいろ発見もあるかもしれません。朝の八時頃開場し、八時半過ぎから序ノ口の取組が始まり、序二段、三段目、幕下と続き、午後の二時一五分頃に十枚目の土俵入りがあり、それから取組。この頃はまだお客さんは少ないですから、のんびり見られます。それが終わると、午後三時四〇分頃からいよいよ幕内と横綱の土俵入りです。このへんはぜひ見ていただきたい。そして、午後四時過ぎから幕内の取組が始まり、午後六時頃に終わります。

十枚目や幕内の取組が始まるまでは国技館の中をうろうろしてみてもいい。土産物を売っている店で物色してもいいし、レストランで食事をしてもいい。食べ物では焼き鳥が有名です。国技館の地下に焼き鳥工場があり、一場所五万本も作るということです。

幕下の取組を見つつ、国技館を探索していると、そのうち幕内力士たちが国技館にやってきます。外に出て待っていると関取たちを間近に見ることができます。そしていよいよ関取たちの取組。この時、ラジオを聴きたい人は聴けます。NHKのFM中継のほか、日本相撲協会が独自に放送している「どすこいFM」という放送が午後三時から聞けるんです。NHKは外でも聴けますが、「どすこいFM」は館内でしか聴けません。FM放送が聴けるラジオを持参すれば聴けますし、ラジオがない人は館内でラジオ貸し出しサービスも行っています。二一〇〇円ですが、二〇〇〇円は保証金でラジオの返却時に帰してくれますから、一〇〇円ということです。

ここでちょっとお願いですが、力士の肩や背中をペシペシとたたく人がよくいますが、力士は、あれは嫌がります。力士には触らない。触りたいでしょうがね。我慢してください。

観戦が終わって帰る時は、外の櫓を見上げてください。呼出が太鼓をたたいていますから、ちょっと聞いていただければありがたいです。

結び

こう相撲について書いてきますと、この世界にいた頃をいろいろと思い出し、自分の人生は「相撲人生」、「呼出人生」だったなと改めて思います。

呼出として土俵に立っている時、まわりにはいつも観客のみなさん、相撲ファンのみなさんがいました。引退してからのことですが、こんな私の顔を覚えていて、散歩中に声をかけてくれた方もいました。うれしかったですね。大相撲はこういうファンのみなさんに支えられているんです。これからもどうか力士、部屋、裏方を応援してください。お願いします。

今日まで相撲の関係者のみなさんには大変お世話になりました。この場を借りてお礼申し上げます。大相撲人気がこれまで以上に高まり、日本相撲協会が一層発展することを切に願っています。
また、この本を書くにあたって日本相撲協会・元広報室長の鈴木綾子さん、現代書館・社長の菊地泰博さん、大相撲史家の小池謙一さん、編集の坂本俊夫さんにお力添えをいただきました。ありがとうございました。

平成二七年十二月

山木秀男

◉参考文献

『相撲大事典』（公益財団法人日本相撲協会 監修、金指基 原著、現代書館）
『大相撲満喫入門』（公益財団法人日本相撲協会）
『大相撲パンフレット』（公益財団法人日本相撲協会）
『漫画大相撲入門編』（公益財団法人日本相撲協会）
『大相撲行司の世界』（根間弘海 著、吉川弘文館）
『歴史散策・東京江戸案内』（桜井正信 編、八坂書房）

［著者プロフィル］
山木秀男（やまき・ひでお）
1949年生まれ、静岡県下田市出身。大相撲の元呼出。本名は山木秀人《ひでひと》。
伊勢ヶ濱部屋、桐山部屋を経て、最後は朝日山部屋に所属。
1969年3月場所で初土俵。2003年7月場所限りで呼出の康夫が定年退職したため、
翌9月場所からは呼出のトップとなり、結びの一番の呼び上げを担当していた。
2014年12月27日に定年退職。

呼出秀男《よびだしひでお》の相撲《すもう》ばなし

2016年1月10日　第1版第1刷発行
2017年5月28日　第1版第3刷発行

著者　山木秀男
発行者　菊地泰博
発行所　株式会社現代書館
〒102-0072 東京都千代田区飯田橋3-2-5
電話 03-3221-1321　FAX 03-3262-5906　振替 00120-3-83725
http://www.gendaishokan.co.jp/
印刷所　平河工業社（本文）　東光印刷所（カバー・表紙・帯・扉）
製本所　積信堂
イラスト　綾森けむり
ブックデザイン　伊藤滋章（協力：佐藤　満）

編集協力：坂本俊夫

ISBN978-4-7684-5780-1
定価はカバーに表示してあります。乱丁・落丁本はおとりかえいたします。

活字で利用できない方のための
テキストデータ請求券
『呼出秀男の相撲ばなし』